KB033784

다시 시작하는 일본어

다시일 50패턴 일본어회화

다시 시작하는 일본어
50패턴 일본어회화

초판 1쇄 발행 2017년 3월 6일
2판 1쇄 인쇄 2023년 11월 2일
2판 1쇄 발행 2023년 11월 12일

지은이 정문주
발행인 임충배
홍보/마케팅 양경자
편집 김인숙
디자인 정은진
펴낸곳 도서출판 삼육오(Pub.365)
제작 (주)피앤엠123

출판신고 2014년 4월 3일
등록번호 제406-2014-000035호

경기도 파주시 산남로 183-25
TEL 031-946-3196 / FAX 031-946-3171
홈페이지 www.pub365.co.kr

ISBN 979-11-92431-32-1 13730
© 2023 정문주 & PUB.365

· 저자와 출판사의 허락 없이 내용 일부를 인용하거나 발췌하는 것을 금합니다.
· 저자와의 협의에 의하여 인지는 붙이지 않습니다.
· 가격은 뒤표지에 있습니다.
· 잘못 만들어진 책은 구입처에서 바꾸어 드립니다.
· 본 도서는『2030 일본어로 쉽게 말하기』와 주요 내용이 동일한 리커버 도서입니다.

다시 시작하는 일본어

다시일

저자 정문주

50패턴 일본어회화

PUB 3 육오

머리말

이 책은 일본어 입문을 끝내고 초급 과정에 있는 학습자를 대상으로 한 초급 회화 교재입니다.

초급 학습자들은 너무 어려운 문장을 구사하려 들어서는 안 됩니다. 왜냐고요? 처음부터 그건 무리이기도 하지만 어려운 말을 하려고 용을 쓰다가는 지레 지쳐 학습 자체를 포기할 수도 있기 때문입니다.

요즘처럼 다양한 학습 경로가 존재하는 시대에는 쉬운 말을 쉽게 익혀서 점점 흥미를 키우는 게 효과적인 학습 방법 아닐까요? 어려운 말은 필요할 때, 학습의욕이 불타오를 때, 그때 가서 집중적으로 공부하면 되지요. 그래서 일본어 초급 회화는 일본어 입문 과정에서 배운 기초 문법을 충분히 활용하면서 **당장 필요한 한마디를 할 수 있게 해 주는 말하기 연습에 초점**을 맞췄습니다.

그래서 동사의 복잡한 활용이나 수많은 문형을 다 다루지는 않았습니다. 그래도 얼마나 **많은 말을 할 수 있는지 이 교재를 통해서 확인**하시기 바랍니다.

여러분, 말합시다! 아무리 쉬운 말이라도 말은 해야 맛이고, 그래야 실력이 늘겠죠? **말할 준비 되셨나요**? 그럼 시작하겠습니다.

저자 정문주

이 책의 특징

1. 일본어 잘 가르치기로 소문난 통역사 정문주 선생님이 **대화하듯 쉽게 설명한** 왕초보 회화책

2. 심플하지만 살아있는 **말하기 문장 연습**

3. **입문** 과정에서 잠시 **학습을 중단한 사람**이라도 기초 단어와 왕기초 문법을 언제든지 다시 기억해 낼 수 있도록 **도와주는 핸드북**의 역할

4. '복잡한 문법 없이도 이렇게 많은 **말을 할 수 있다**'라는 **자신감**을 주는 교재

5. **본문 단어**를 총망라한 **간편 색인**

학습방법

이 책은 **30개의 문법 패턴과**
20개의 회화 패턴으로 구성되었습니다.
어느 부분을 **먼저 학습**하셔도 됩니다.

STEP 1

	ア단	イ단	ウ단	エ단
あ행	あ ア	い イ	う ウ	え エ
	a	i	u	e
か행	か カ	き キ	く ク	け ケ
	ka	ki	ku	ke
さ행	さ サ	し シ	す ス	せ セ
	sa	si	su	se
た행	た タ	ち チ	つ ツ	て テ
	ta	chi	tsu	te

한 번쯤은 봤을 법한 일본어 문자를 먼저 학습합니다.

- 둥글둥글한 히라가나
- 각이 진 가타카나
- 쉽게 읽을 수 있는 영문 발음기호

* 일본어 기초 저자 직강 QR코드 무료 제공 (글자와 발음, 박자, 악센트)

STEP 2

이번 패턴에서 배울 부분을 확인합니다.
붉은색으로 표시된 패턴을 익혀 보세요.

패턴 꽉!

- これです。 이것입니다.
- これじゃありません。 이것이 아닙니다.
- あの人(ひと)でした。 저 사람이었어요.
- あの人(ひと)じゃありませんでした。 저 사람이 아니었어요.

단어 これ 이것 あの 그 人(ひと) 사람

해설

です, じゃありません, でした, じゃありませんでした는 명사 뒤에 붙어서 '~입니다', '~가 아닙니다', '~이었습니다', '~가 아니었습니다'라는 의미를 나타내는 말이에요. 기본 중의 기본이죠. 원래 정식 문장으로 쓰면 じゃ가 아니라 では가 되어야 맞지만, 우리는 말하기 연습 중이니까 구어체인 じゃ를 연습하기로 해요.

회화 공부의 첫 단계에서는 현재와 과거, 긍정과 부정을 함께 연습해 두어야 실제 상황에서도 그때그때 올바르게 사용할 수 있어요. 너무 쉬워서 우습게 보다가 '~가 아닙니다'라는 의미의 'じゃありません'과 '~가 아니었습니다'라는 의미의 'じゃありませんでした'를 말하지 못하는 사람도 뜻밖에 많답니다. 쉬울수록 잘 익혀두세요.

또 하나! 문장 끝에 'か'를 붙이면 의문문이 되고, 'ね'를 붙이면 가벼운 감동, 또는 상대에 대한 동의를 나타내는 '~군요'라는 의미가 되며, 'よ'를 붙이면 자신의 주장을 강하게 나타내게 된다는 것도 기억하세요.

STEP 3

학습하는 패턴에 대한 문법적인 설명과 실생활에서 자주 쓰이는 다양한 회화 표현을 특급통역사 정문주 선생님의 친절한 해설로 경험해보세요.

STEP 4

앞서 학습한 패턴으로 더욱 다양한 문장을 만들어 봅시다. mp3 음성을 들으며 큰 소리로 따라 말하세요.

* 홈페이지 www.pub365.co.kr 무료 다운로드

응용 문장

- 私は韓国人です。 나는 한국인입니다.
- 今、空港です。 지금 공항이에요(공항에 있어요).
- 日本人じゃありません。 일본인이 아니에요.
- 私のじゃありません。 제 것이 아니에요.
- きのうは木曜日でした。 어제는 목요일이었어요.
- この本じゃありませんでした。 이 책이 아니었어요.

복습 문제 앞에서 학습한 문장입니다. 바로 일본어로 말해 볼까요?

1 이것입니다.
2 지금 공항이에
3 일본인이 아니
4 제 것이 아니에
5 어제는 목요일
6 이 책이 아니었

도전 문제 주어진 문장을 활용해 다양한 문장 만들기에 도전해 보세요!

1 올해도 이제 곧 끝이군요. •올해 今年 •이제 もう •곧 すぐ •끝 終
2 시험은 수요일이에요. •시험 テスト •수요일 水
3 당신 거였어요? •당신 あ
4 여름휴가는 지난주가 아니었어요. 이번 주예요. •여름휴가 夏休み •지난주 先週 •이번 주
5 지금 사무실이에요(사무실에 있어요)? •사무실 オフ

STEP 5

학습한 내용을 점검하는 단계입니다. 앞에서 배운 일본어 표현을 그대로 말해봅니다. 말이 바로 나오지 않는다면 과감하게 복습~!

이후 도전문제에서는 제시된 단어와 앞에서 학습한 패턴을 이용해 다양한 문장을 직접 만들어 봅니다.

목차

INTRO 이것만큼은, 알고 시작하자!

01장 문법 왕초보 문법만 알아도 이런 말을 할 수 있다!

INTRO 이것만큼은, 알고 시작하자!

일본어에는 세 종류의 문자가 있어요. 바로 히라가나, 가타카나, 한자예요. 히라가나와 가타카나는 소리를 나타내는 글자이고, 한자는 의미를 나타내는 글자죠. 특히 가타카나는 외래어, 외국어, 동식물 이름, 의성어나 의태어를 특별히 강조할 때 등 그 쓰임새가 한정적이에요.

모든 문자를 처음부터 다 외우겠다는 욕심은 버리고, 점차적으로 익숙해진다고 생각하면서 자주 반복 학습해 주세요. 본 교재에서는 가타카나의 경우 주로 외래어 표기에만 사용했기 때문에 글자 자체를 외우고 있지 않아도 어느새 편해질 거예요.

아래 표에서는 히라가나와 가타카나를 소개하는데, 청음, 탁음, 반탁음, 요음을 나누어서 소개하겠습니다. 각기 다른 소리를 나타내는 글자라고 이해하세요.

청음

	ア단	イ단	ウ단	エ단	オ단
あ행	あ ア	い イ	う ウ	え エ	お オ
	a	i	u	e	o
か행	か カ	き キ	く ク	け ケ	こ コ
	ka	ki	ku	ke	ko
さ행	さ サ	し シ	す ス	せ セ	そ ソ
	sa	si	su	se	so
た행	た タ	ち チ	つ ツ	て テ	と ト
	ta	chi	tsu	te	to
な행	な ナ	に ニ	ぬ ヌ	ね ネ	の ノ
	na	ni	nu	ne	no

	ア단	イ단	ウ단	エ단	オ단
は행	は ハ	ひ ヒ	ふ フ	へ ヘ	ほ ホ
	ha	hi	hu	he	ho
ま행	ま マ	み ミ	む ム	め メ	も モ
	ma	mi	mu	me	mo
や행	や ヤ		ゆ ユ		よ ヨ
	ya		yu		yo
ら행	ら ラ	り リ	る ル	れ レ	ろ ロ
	ra	ri	ru	re	ro
わ행	わ ワ				を ヲ
	wa				wo
	ん ン				
	n				

예 あう 만나다, 맞다　かき 열쇠　さす 가리키다
たつ 서다　なに 무엇　ひふ 피부
まめ 콩　や 화살　する 하다
でんわ 전화　イカ 오징어　スイス 스위스
トマト 토마토　メモ 메모　ワンワン 멍멍

탁음

	ア단	イ단	ウ단	エ단	オ단
が행	が ガ	ぎ ギ	ぐ グ	げ ゲ	ご ゴ
	ga	gi	gu	ge	go
ざ행	ざ ザ	じ ジ	ず ズ	ぜ ゼ	ぞ ゾ
	za	zi	zu	ze	zo
だ행	だ ダ	ぢ ヂ	づ ヅ	で デ	ど ド
	da	Ji	zu	de	do
ば행	ば バ	び ビ	ぶ ブ	べ ベ	ぼ ボ
	ba	bi	bu	be	bo

예 ごご 오후 ダビング 더빙

반탁음

	ア단	イ단	ウ단	エ단	オ단
ぱ행	ぱ パ	ぴ ピ	ぷ プ	ぺ ペ	ぽ ポ
	pa	pi	pu	pe	po

예 パプリカ 파프리카 パン 빵

요음

きゃ キャ	きゅ キュ	きょ キョ
kya	kyu	kyo
しゃ シャ	しゅ シュ	しょ ショ
sha	shu	sho
ちゃ チャ	ちゅ チュ	ちょ チョ
cha	chu	cho
にゃ ニャ	にゅ ニュ	にょ ニョ
nya	nyu	nyo
ひゃ ヒャ	ひゅ ヒュ	ひょ ヒョ
hya	hyu	hyo
みゃ ミャ	みゅ ミュ	みょ ミョ
mya	myu	myo
りゃ リャ	りゅ リュ	りょ リョ
rya	ryu	ryo

ぎゃ ギャ	ぎゅ ギュ	ぎょ ギョ
gya	gyu	gyo
じゃ ジャ	じゅ ジュ	じょ ジョ
ja	ju	jo

びゃ ビャ	びゅ ビュ	びょ ビョ
bya	byu	byo
ぴゃ ピャ	ぴゅ ピュ	ぴょ ピョ
pya	pyu	pyo

예 きょり 거리　　おちゃ 차　　ピュア 순수함

박자

일본어는 박자의 언어라고 해도 과언이 아닙니다. 박자를 지키지 않으면 다른 단어로 들릴 가능성이 크기 때문에 아주 조심해야 하지요. 초급 단계에서부터 박자 개념을 가지고 있으면 나중이 편해지겠죠.

1 촉음

작은 문자 っ가 か행, さ행, た행, ぱ행 앞에 붙을 때 이를 촉음이라 하는데, 이 작은 문자도 어엿한 1박으로 발음해요.

예 나흘 よっか → よ / っ / か 3박
전혀 いっさい → い / っ / さ / い 4박
남편 おっと → お / っ / と 3박
잎사귀 はっぱ → は / っ / ぱ 3박

2 발음

ん을 발음이라 부르는데 이것도 어엿한 1박으로 발음합니다. 한국인들이 ん을 한글 받침의 ㄴ, ㅁ, ㅇ으로 편의상 바꾸어 발음하면서 ん의 박자를 빼먹는 경우가 있는데 그것은 잘못이에요.

참고로 ば、ぱ、ま행 앞에서는 /m/으로 발음하고, た、だ、な、ら행 앞에서는 /n/으로 발음하며, か、が행 앞에서는 /ŋ/으로 발음하는 것도 알아 두세요.

예 산책 さんぽ → さ / ん / ぽ 3박
모두 みんな → み / ん / な 3박
음악 おんがく → お / ん / が / く 4박

3 장음

장음은 두 개의 문자를 따로 두 개의 음으로 읽지 않고, 앞 문자를 길게 늘여서 읽는다는 의미예요. 문자가 두 개니까 2박이 되는 거죠. ‘ア단 + あ’, ‘イ단 + い’, ‘ウ단 + う’, ‘エ단 + え 또는 エ단 + い’, ‘オ단 + お 또는 オ단 + う’가 그럴 때 해당해요.

예 어머니 おかあさん → お / か / あ / さ / ん 5박
할아버지 おじいさん → お / じ / い / さ / ん 5박

여유 よゆう → よ / ゆ / う　3박
누님 おねえさん → お / ね / え / さ / ん　5박
영화 えいが → え / い / が　3박
10일 とおか → と / お / か　3박
남동생 おとうと → お / と / う / と　4박

4 요음 (1박으로 발음)

여기까지 보면 기본적으로 한 글자가 1박이라고 생각할 수 있죠. 그런데 요음은 두 개의 문자로 구성되어 있지만 1박으로 발음합니다. 즉 き、ぎ、し、じ、ち、に、ひ、び、ぴ、み、り가 작은 문자 ゃ、ゅ、ょ를 동반할 때, 문자는 둘이지만 1박으로 발음하는 거지요.

예 손님 きゃく → きゃ / く　2박
규약 きやく → き / や / く　3박
병원 びょういん → びょ / う / い / ん　4박
미장원 びよういん → び / よ / う / い / ん　5박

악센트

일본어는 고저 악센트가 있어요. 음악처럼 소리에 높낮이가 있다는 뜻이지요. 같은 소리라도 악센트가 달라지면 단어의 의미까지 달라지는 경우가 종종 있으니까 소리의 높이에도 주목하기 바랍니다. 그러다 보면 어느새 일정한 패턴이 몸에 배게 될 거예요.

예 사탕, 엿 あめ	비 あめ
술 さけ	연어 さけ
다리, 교각 はし	젓가락 はし
길 みち	미지 みち

01장

왕초보 문법만 알아도 이런 말을 할 수 있다!

문법편

01 이것입니다

[명사로 말하기] 현재, 과거

패턴 꽉!

- これです。　　이것입니다.
- これじゃありません。　　이것이 아닙니다.
- あの人(ひと)でした。　　저 사람이었어요.
- あの人(ひと)じゃありませんでした。　　저 사람이 아니었어요.

단어　これ 이것　あの 그　人(ひと) 사람

해설

です, じゃありません, でした, じゃありませんでした는 명사 뒤에 붙어서 '~입니다', '~가 아닙니다', '~이었습니다', '~가 아니었습니다'라는 의미를 나타내는 말이에요. 기본 중의 기본이죠. 원래 정식 문장으로 쓰면 じゃ가 아니라 では가 되어야 맞지만, 우리는 말하기 연습 중이니까 구어체인 じゃ를 연습하기로 해요.

회화 공부의 첫 단계에서는 현재와 과거, 긍정과 부정을 함께 연습해 두어야 실제 상황에서도 그때그때 올바르게 사용할 수 있어요. 너무 쉬워서 우습게 보다가 '~가 아닙니다'라는 의미의 'じゃありません'과 '~가 아니었습니다'라는 의미의 'じゃありませんでした'를 말하지 못하는 사람도 뜻밖에 많답니다. 쉬울수록 잘 익혀두세요.

또 하나! 문장 끝에 'か'를 붙이면 의문문이 되고, 'ね'를 붙이면 가벼운 감동, 또는 상대에 대한 동의를 나타내는 '~군요'라는 의미가 되며, 'よ'를 붙이면 자신의 주장을 강하게 나타내게 된다는 것도 기억하세요.

응용 문장

- 私(わたし)は韓国人(かんこくじん)です。　　나는 한국인입니다.
- 今(いま)、空港(くうこう)です。　　지금 공항이에요(공항에 있어요).
- 日本人(にほんじん)じゃありません。　　일본인이 아니에요.
- 私(わたし)のじゃありません。　　제 것이 아니에요.
- きのうは木曜日(もくようび)でした。　　어제는 목요일이었어요.
- この本(ほん)じゃありませんでした。　　이 책이 아니었어요.
- ここじゃありませんでした。　　여기가 아니었어요.
- 韓国人(かんこくじん)ですよ、韓国人(かんこくじん)!　　한국 사람이에요, 한국 사람!
- あ、きのうは休(やす)みでしたね。　　아, 어제는 휴일이었네요.
- この本(ほん)じゃありませんでしたか。　　이 책이 아니었어요?

단어

私(わたし) 나　韓国人(かんこくじん) 한국인　今(いま) 지금　空港(くうこう) 공항　日本人(にほんじん) 일본인　きのう 어제
木曜日(もくようび) 목요일　休(やす)み 휴일, 쉬는 시간　本(ほん) 책　ここ 여기

복습 문제

앞에서 학습한 문장입니다. 바로 일본어로 말해 볼까요?

1 이것입니다.

2 지금 공항이에요.

3 일본인이 아니에요.

4 제 것이 아니에요.

5 어제는 목요일이었어요.

6 이 책이 아니었어요.

7 여기가 아니었어요.

8 한국 사람이에요, 한국 사람!

9 아, 어제는 휴일이었네요.

10 이 책이 아니었어요?

도전 문제 주어진 문장을 활용해 다양한 문장 만들기에 도전해 보세요!

1 올해도 이제 곧 끝이군요. • 올해 今年(ことし) • 이제 もう • 곧 すぐ • 끝 終(お)わり

2 시험은 수요일이에요. • 시험 テスト • 수요일 水曜日(すいようび)

3 당신 거였어요? • 당신 あなた

4 여름휴가는 지난주가 아니었어요. 이번 주예요.
• 여름휴가 夏休(なつやす)み • 지난주 先週(せんしゅう) • 이번 주 今週(こんしゅう)

5 지금 사무실이에요(사무실에 있어요)? • 사무실 オフィス

정답

복습 문제 1 これです。 2 今(いま)、空港(くうこう)です。 3 日本人(にほんじん)じゃありません。 4 私(わたし)のじゃありません。
5 きのうは木曜日(もくようび)でした。 6 この本(ほん)じゃありませんでした。 7 ここじゃありませんでした。
8 韓国人(かんこくじん)ですよ、韓国人(かんこくじん)! 9 あ、きのうは休(やす)みでしたね。 10 この本(ほん)じゃありませんでしたか。

도전 문제 1 今年(ことし)ももうすぐ終(お)わりですね。 2 テストは水曜日(すいようび)です。 3 あなたのでしたか。
4 夏休(なつやす)みは先週(せんしゅう)じゃありませんでした。今週(こんしゅう)です。 5 今(いま)、オフィスですか。

그는 성실한 사람이에요

[な형용사로 말하기] 현재

패턴 꽉!

- 彼(かれ)はまじめな人(ひと)です。 그는 성실한 사람이에요.
- カレーが好(す)きです。 카레를 좋아해요.
- 歌(うた)が上手(じょうず)ですね。 노래를 잘하는군요.
- これ、簡単(かんたん)じゃありませんね。 이거 간단치 않은데요.

단어 カレー 카레　歌(うた) 노래　彼(かれ) 그　好(す)き 좋아함　嫌(きら)い 싫어함　上手(じょうず) 잘함　下手(へた) 못함　まじめ 성실함　簡単(かんたん) 간단함　元気(げんき) 활기참　きれい 예쁨　大変(たいへん) 큰일

해설

好(す)き, 嫌(きら)い, 上手(じょうず), 下手(へた), まじめ, 簡単(かんたん), 元気(げんき), きれい, 大変(たいへん)…… 들어본 단어도 있죠? 이 단어들은 모두 な형용사라 불려요. な형용사는 명사를 수식할 때 형태가 な로 끝나기 때문에 붙은 이름이에요.

위에 소개한 형태가 사전에 나오는 기본 형태 즉 な형용사의 사전형인데, 그 자체로 명사로도 쓰인답니다. 2과에서 우리는 (1)な형용사가 명사를 수식할 때와 (2)な형용사가 서술어로 쓰일 때 중에서 현재형에 대해 연습해 볼 거예요. 먼저 (1)명사를 수식할 때는 사전형 바로 뒤에 な를 붙여서 명사를 수식해요. 그리고 (2)서술어로 쓰일 때 중에서도 현재, 즉 '~합니다, ~입니다'라는 의미를 나타낼 때는 '사전형 + です', 부정의 의미는 '사전형 + じゃありません'을 쓴답니다. 그리고 好(す)き, 嫌(きら)い, 上手(じょうず), 下手(へた) 앞에는 조사 が를 쓴다는 것도 알아 두세요.

응용 문장

- 簡単(かんたん)な本(ほん)が好(す)きです。 간단한 책을 좋아해요.
- 好(す)きな食(た)べ物(もの)はカレーです。 좋아하는 음식은 카레입니다.
- どんな人(ひと)ですか。/ まじめな人(ひと)じゃありません。 어떤 사람이에요? / 성실한 사람은 아니에요.
- 私(わたし)は掃除(そうじ)が嫌(きら)いです。 저는 청소를 싫어해요.
- 今日(きょう)も元気(げんき)ですね。 오늘도 활기차네요.
- それは大変(たいへん)ですね。 그거 큰일이군요.
- 歌(うた)は下手(へた)ですけど、大好(だいす)きです。 노래는 못하지만, 아주 좋아해요.
- 歌(うた)は上手(じょうず)じゃありません。 노래는 잘하지 못해요.
- スポーツはあまり好(す)きじゃありません。 운동은 그다지 좋아하지 않아요.
- 新鮮(しんせん)ですか。/ そんなに新鮮(しんせん)じゃありません。 신선해요? / 그렇게 신선하지는 않아요.

단어

掃除(そうじ) 청소　今日(きょう) 오늘　~も ~도　大好(だいす)き 아주 좋아함　~けど ~이지만
食(た)べ物(もの) 먹을 것, 음식　どんな 어떤　そんなに 그렇게　あまり 그다지　新鮮(しんせん) 신선함

복습 문제

앞에서 학습한 문장입니다. 바로 일본어로 말해 볼까요?

1 간단한 책을 좋아해요.

2 좋아하는 음식은 카레입니다.

3 성실한 사람은 아니에요.

4 저는 청소를 싫어해요.

5 오늘도 활기차네요.

6 그거 큰일이군요.

7 노래는 못하지만, 아주 좋아해요.

8 노래는 잘하지 못해요.

9 운동은 그다지 좋아하지 않아요.

10 그렇게 신선하지는 않아요.

도전 문제

주어진 문장을 활용해 다양한 문장 만들기에 도전해 보세요!

1 오늘은 하늘도 아주 아름답네요. • 하늘 空(そら) • 아주 とても

2 요리는 좋아하지만, 잘 하지는 못해요. • 요리 料理(りょうり)

3 저도 처음에는 못했어요. • 처음에는 最初(さいしょ)は

4 기본적으로 성실한 사람을 좋아해요. 성실하지 않은 사람은 싫어요.
• 기본적으로 基本的(きほんてき)に • 성실하지 않음 不真面目(ふまじめ)

5 운동을 좋아해요. 게임은 별로 좋아하지 않아요. • 게임 ゲーム

정답

복습 문제 1 簡単(かんたん)な本(ほん)が好(す)きです。 2 好(す)きな食(た)べ物(もの)はカレーです。 3 まじめな人(ひと)じゃありません。
4 私(わたし)は掃除(そうじ)が嫌(きら)いです。 5 今日(きょう)も元気(げんき)ですね。 6 それは大変(たいへん)ですね。
7 歌(うた)は下手(へた)ですけど、大好(だいす)きです。 8 歌(うた)は上手(じょうず)じゃありません。
9 スポーツはあまり好(す)きじゃありません。 10 そんなに新鮮(しんせん)じゃありません。

도전 문제 1 今日(きょう)は空(そら)もとてもきれいですね。 2 料理(りょうり)は好(す)きですけど、上手(じょうず)じゃありません。
3 私(わたし)も最初(さいしょ)は下手(へた)でした。 4 基本的(きほんてき)にまじめな人(ひと)が好(す)きです。不真面目(ふまじめ)な人(ひと)は嫌(きら)いです。
5 スポーツが好(す)きです。ゲームはあまり好(す)きじゃありません。

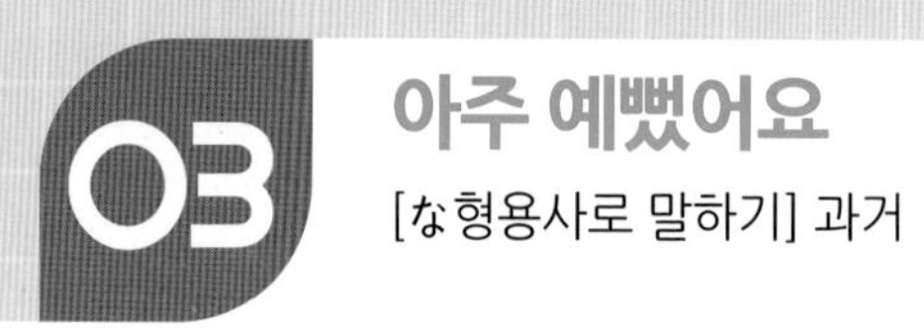

03 아주 예뻤어요

[な형용사로 말하기] 과거

패턴 꽉!

- とてもきれいでした。 아주 예뻤어요.
- 料理(りょうり)が上手(じょうず)でした。 요리를 잘했어요.
- 数学(すうがく)は苦手(にがて)でした。 수학은 서툴렀어요.
- 暇(ひま)じゃありませんでした。 한가하지 않았어요.

단어 数学(すうがく) 수학　苦手(にがて) 자신 없음, 서투름, 못함　暇(ひま) 한가함, 한가한 틈
どっち 어느 쪽　方(ほう) 쪽

해설

이번에는 な형용사의 과거형을 연습해 봅시다. 2과에서 な형용사의 사전형은 그 자체로 명사이기도 하다는 설명을 했죠? 그래서 な형용사의 과거형은 1과에서 연습한 것과 똑같답니다. 즉 '~했습니다, ~이었습니다'라는 의미를 나타내고 싶으면 '사전형 + でした', 부정의 의미는 '사전형 + じゃありませんでした'를 쓰면 되는 거지요. 쉽죠?

하나 더! 'どっちが ~ですか(でしたか)' 즉 '어느 쪽이 ~하나요(했나요)?'라고 물을 땐, '~の方(ほう)が ~です(でした)', '~쪽이 ~해요(했어요).'라고 답하는 것이 보통입니다. 이런 문형 등을 이용해서 서로 반대 의미를 가진 な형용사를 연습해도 재미있겠죠?

응용 문장

- 残念(ざんねん)でした。 아쉬웠어요.
- やっぱりだめでした。 역시 허사였어요.
- それで十分(じゅうぶん)でした。 그걸로 충분했어요.
- 有名(ゆうめい)じゃありませんでした。 유명하지는 않았어요.
- 静(しず)かじゃありませんでした。 조용하지는 않았어요.
- そんなにきれいじゃありませんでした。
  그렇게 예쁘지는 않았어요.
- AとB、どっちが簡単(かんたん)でしたか。 A와 B, 어느 쪽이 간단했어요?
- Aの方(ほう)が簡単(かんたん)でした。Bは複雑(ふくざつ)でした。
  A 쪽이 간단했어요. B는 복잡했어요.
- AとB、どっちが便利(べんり)でしたか。 A와 B, 어느 쪽이 편리했어요?
- Aの方(ほう)が便利(べんり)でした。Bは不便(ふべん)でした。
  A 쪽이 편리했어요. B는 불편했어요.

단어

残念(ざんねん) 아쉬움　やっぱり 역시　だめ 허사, 엉망　それで 그걸로　十分(じゅうぶん) 충분함
有名(ゆうめい) 유명함　静(しず)か 조용함　複雑(ふくざつ) 복잡함　便利(べんり) 편리함　不便(ふべん) 불편함

복습 문제

앞에서 학습한 문장입니다. 바로 일본어로 말해 볼까요?

1 아쉬웠어요.

2 역시 허사였어요.

3 그걸로 충분했어요.

4 유명하지는 않았어요.

5 조용하지는 않았어요.

6 그렇게 예쁘지는 않았어요.

7 A와 B, 어느 쪽이 간단했어요?

8 A 쪽이 간단했어요.

9 A와 B, 어느 쪽이 편리했어요?

10 B는 불편했어요.

도전 문제

주어진 문장을 활용해 다양한 문장 만들기에 도전해 보세요!

1 저는 공부가 싫었어요. • 공부 勉強(べんきょう)

2 기무라 씨, 술을 좋아했었죠. • 술 お酒(さけ)

3 그렇게 단순하지 않았어요. • 단순함 単純(たんじゅん)

4 쇼핑에는 편리했지만, 주위가 조용하지는 않았죠. • 쇼핑 買(か)い物(もの) • 주위 周(まわ)り

5 별로 편리하지 않았어요.

정답

복습 문제

1 残念(ざんねん)でした。 2 やっぱりだめでした。 3 それで十分(じゅうぶん)でした。

4 有名(ゆうめい)じゃありませんでした。 5 静(しず)かじゃありませんでした。

6 そんなにきれいじゃありませんでした。 7 AとB、どっちが簡単(かんたん)でしたか。

8 Aの方(ほう)が簡単(かんたん)でした。 9 AとB、どっちが便利(べんり)でしたか。 10 Bは不便(ふべん)でした。

도전 문제

1 私(わたし)は勉強(べんきょう)が嫌(きら)いでした。 2 木村(きむら)さん、お酒(さけ)が好(す)きでしたね。

3 そんなに単純(たんじゅん)じゃありませんでした。

4 買(か)い物(もの)には便利(べんり)でしたけど、周(まわ)りが静(しず)かじゃありませんでした。

5 あまり便利(べんり)じゃありませんでした。

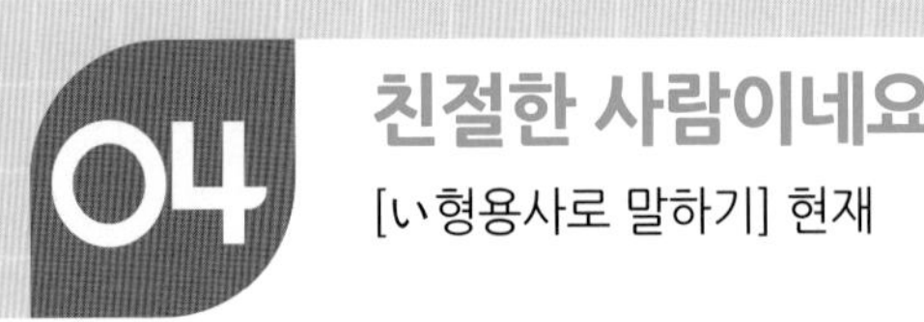

04 친절한 사람이네요

[い형용사로 말하기] 현재

패턴 꽉!

- やさしい人(ひと)ですね。 친절한 사람이네요.
- 新(あたら)しいかばんです。 새 가방이에요.
- 今(いま)は忙(いそが)しいです。 지금은 바빠요.
- 背(せ)が高(たか)いです。 키가 커요.
- あまり忙(いそが)しくないです。 별로 안 바빠요.

단어

やさしい 상냥하다　新(あたら)しい 새롭다　かばん 가방　忙(いそが)しい 바쁘다
背(せ)が高(たか)い 키가 크다(高(たか)い 높다)　大(おお)きい 크다　小(ちい)さい 작다　明(あか)るい 밝다
暗(くら)い 어둡다　多(おお)い 많다　少(すく)ない 적다　おいしい 맛있다　まずい 맛없다, 서툴다

해설

大(おお)きい, 小(ちい)さい, 明(あか)るい, 暗(くら)い, 多(おお)い, 少(すく)ない, おいしい, まずい…… 같은 단어들을 い형용사라 불러요. い형용사는 명사를 수식할 때 형태가 い로 끝나기 때문에 붙은 이름이에요. 위에 소개한 형태가 사전에 나오는 사전형인데 그 중 い를 제외한 부분을 '어간'이라 부를 거예요.

여기 4과에서 우리는 (1) い형용사가 명사를 수식할 때와 (2) い형용사가 서술어로 쓰일 때 중에서 현재형에 대해 연습해 볼 거예요. 먼저 (1) 명사를 수식할 때는 사전형을 그대로 쓰면 돼요. 또 (2) 서술어로 쓰일 때 중에서도 현재, 즉 '~합니다, ~입니다'라는 의미를 나타낼 때 긍정은 '사전형 + です', 부정은 사전형의 い를 く ない로 바꾼 뒤 です를 붙여요. 그러니까 '어간 + くないです'가 되는 거죠. 이제 な형용사에 이어 い형용사까지 말할 수 있는 단어의 폭이 훨씬 넓어지겠네요. 다양한 표현을 구사해 보세요!

응용 문장

- 高い車ですね。 (たか・くるま) — 비싼 차네요.
- いい子だね。 (こ) — 착한 아이로구나.
- おもしろい本でした。 (ほん) — 재미있는 책이었어요.
- 暗いところは危ないです。 (くら・あぶ) — 어두운 곳은 위험해요.
- これ、おいしいですね。 — 이거 맛있네요.
- そんな話、つまらないです。 (はなし) — 그런 얘기, 시시해요.
- 世の中にはいい人が多いです。 (よ・なか・ひと・おお) — 세상에는 좋은 사람이 많아요.
- 悪い人も多いです。 (わる・ひと・おお) — 나쁜 사람도 많죠.
- 量は多くないです。 (りょう・おお) — 양은 많지 않아요.
- 部屋はそれほど広くないです。 (へや・ひろ) — 방은 그다지 넓지 않아요.

단어

高い(たか) 비싸다　車(くるま) 자동차　いい(良い)(よ) 좋다, 착하다　子(こ) 아이　おもしろい 재미있다
ところ 곳　危ない(あぶ) 위험하다　そんな 그런　話(はなし) 이야기　つまらない 시시하다, 재미없다
世の中(よ・なか) 세상　悪い(わる) 나쁘다　量(りょう) 양　部屋(へや) 방　それほど 그다지　広い(ひろ) 넓다

복습 문제

앞에서 학습한 문장입니다. 바로 일본어로 말해 볼까요?

1 비싼 차네요.

2 착한 아이로구나.

3 재미있는 책이었어요.

4 어두운 곳은 위험해요.

5 이거, 맛있네요.

6 그런 얘기, 시시해요.

7 세상에는 좋은 사람이 많아요.

8 나쁜 사람도 많죠.

9 양은 많지 않아요.

10 방은 그다지 넓지 않아요.

도전 문제

주어진 문장을 활용해 다양한 문장 만들기에 도전해 보세요!

1 그런 거 좋지 않아요. • 그런 거 そんなの • 좋지 않다 良(よ)くない

2 이 우산은 귀엽지 않아요. • 우산 傘(かさ) • 귀엽다 かわいい

3 맛있는데 양이 적어요.

4 저 카페, 분위기가 좋네요. • 카페 カフェ • 분위기 雰囲気(ふんいき)

5 맛있지도 않지만, 맛없지도 않아요. • ~지도 않다 くもない

정답

복습 문제 1 高(たか)い車(くるま)ですね。 2 いい子(こ)だね。 3 おもしろい本(ほん)でした。 4 暗(くら)いところは危(あぶ)ないです。 5 これ、おいしいですね。 6 そんな話(はなし)、つまらないです。 7 世(よ)の中(なか)にはいい人(ひと)が多(おお)いです。 8 悪(わる)い人(ひと)も多(おお)いです。 9 量(りょう)は多(おお)くないです。 10 部屋(へや)はそれほど広(ひろ)くないです。

도전 문제 1 そんなの、良(よ)くないです。 2 この傘(かさ)はかわいくないです。 3 おいしいですけど、量(りょう)が少(すく)ないです。 4 あのカフェ、雰囲気(ふんいき)がいいですね。 5 おいしくもないですけど、まずくもないです。

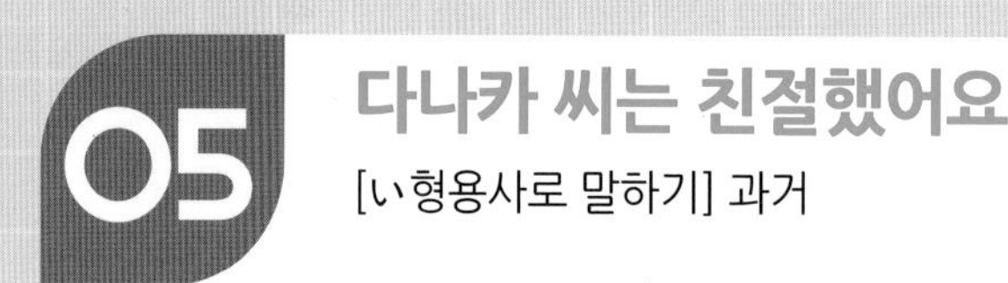

05 다나카 씨는 친절했어요

[い형용사로 말하기] 과거

패턴 꽉!

- 田中(たなか)さんはやさしかったです。 다나카 씨는 친절했어요.
- 先週(せんしゅう)は忙(いそが)しかったです。 지난주는 바빴어요.
- あの時(とき)は忙(いそが)しくなかったです。 그때는 바쁘지 않았어요.
- 今年(ことし)と去年(きょねん)、どっちが暑(あつ)かったですか。 올해와 작년, 어느 쪽이 더웠어요?
- もちろん今年(ことし)ですよ。去年(きょねん)はあまり暑(あつ)くなかったです。 물론 올해죠. 작년엔 별로 안 더웠어요.

단어 さん 씨　時(とき) 때　難(むずか)しい 어렵다　去年(きょねん) 작년　暑(あつ)い 덥다　もちろん 물론

해설

い형용사의 과거형을 연습해 보기로 해요. 우선 い로 끝나는 사전형을 과거형 반말로 바꿀 때는 い를 かった로 바꾸면 돼요. 그런데 그것을 존댓말로 만들려고 그 뒤에 です를 붙여서 かったです라고 말하는 거죠. 이게 바로 '~였어요', '~했어요'라는 의미예요. 또 부정의 의미로 만들 때는 우선 '~지 않다 くない' → '~지 않았다, くなかった' → '~지 않았어요, くなかったです'의 순으로 생각하면 돼요. '~지 않았어요'를 'くなかったです'라고 말한다는 것을 기억해 두세요.

일본어의 형용사는 な형용사와 い형용사 둘 뿐이니까 여기까지 연습하시면 형용사에 대해서는 기본적인 연습은 끝! 이제 하고 싶은 말을 마음껏 말하는 것만 남았네요!

응용 문장

- この本(ほん)、おもしろかったです。 이 책, 재미있었어요.
- サイズがちょっと小(ちい)さかったです。 사이즈가 조금 작았어요.
- 部屋(へや)がとても広(ひろ)かったです。 방이 아주 넓었어요.
- 宿題(しゅくだい)は多(おお)くなかったです。 숙제는 많지 않았어요.
- 会議(かいぎ)は長(なが)くなかったです。 회의는 길지 않았어요.
- 今年(ことし)の冬(ふゆ)は寒(さむ)くなかったです。 올해 겨울은 춥지 않았어요.
- どっちがおいしかったですか。 어느 쪽이 맛있었어요?
- どっちもおいしかったです。 양쪽 다 맛있었어요.
- 新(あたら)しいかばんより古(ふる)いかばんの方(ほう)が大(おお)きかったです。
  새 가방보다 낡은 가방 쪽이 컸어요.

단어

サイズ 사이즈　宿題(しゅくだい) 숙제　会議(かいぎ) 회의　長(なが)い 길다　冬(ふゆ) 겨울　寒(さむ)い 춥다
新(あたら)しい 새롭다　より ~보다　古(ふる)い 낡다, 오래되다

복습 문제

앞에서 학습한 문장입니다. 바로 일본어로 말해 볼까요?

1 지난 주는 바빴어요.

2 이 책, 재미있었어요.

3 사이즈가 조금 작았어요.

4 방이 아주 넓었어요.

5 숙제는 많지 않았어요.

6 회의는 길지 않았어요.

7 올해 겨울은 춥지 않았어요.

8 어느 쪽이 맛있었어요?

9 양쪽 다 맛있었어요.

10 새 가방보다 낡은 가방 쪽이 컸어요.

도전 문제

주어진 문장을 활용해 다양한 문장 만들기에 도전해 보세요!

1 그래요? 잘됐네요. • 잘 됐다 良(よ)かった

2 에어컨 바람이 차갑지 않았어요. • 에어컨 エアコン • 바람 風(かぜ) • 차갑다 冷(つめ)たい

3 새 사무실의 테이블이 작았어요. • 사무실 オフィス • 테이블 テーブル

4 그 남자는 아주 멋있었어요. • 멋있다 かっこいい

5 방에서 내다보이는 전망이 좋았어요. • 방에서 내다보이는 전망 部屋(へや)からの眺(なが)め

정답

복습 문제

1 先週(せんしゅう)は忙(いそが)しかったです。 2 この本(ほん)、おもしろかったです。

3 サイズがちょっと小(ちい)さかったです。 4 部屋(へや)がとても広(ひろ)かったです。

5 宿題(しゅくだい)は多(おお)くなかったです。 6 会議(かいぎ)は長(なが)くなかったです。

7 今年(ことし)の冬(ふゆ)はあまり寒(さむ)くなかったです。 8 どっちがおいしかったですか。

9 どっちもおいしかったです。 10 新(あたら)しいかばんより古(ふる)いかばんの方(ほう)が大(おお)きかったです。

도전 문제

1 そうですか。良(よ)かったですね。 2 エアコンの風(かぜ)が冷(つめ)たくなかったです。

3 新(あたら)しいオフィスのテーブルが小(ちい)さかったです。 4 彼(かれ)はとてもかっこよかったです。

5 部屋(へや)からの眺(なが)めが良(よ)かったです。

넓고 싼 방이에요

[형용사로 말하기] ~하고, ~하여, ~해서, ~하며

패턴 꽉!

- 広(ひろ)くて安(やす)い部屋(へや)です。 — 넓고 싼 방이에요.
- 大(おお)きくて重(おも)い荷物(にもつ) — 크고 무거운 짐
- きれいで静(しず)かな部屋(へや)です。 — 깨끗하고 조용한 방이에요.
- 便利(べんり)でおしゃれなデザイン — 편리하고 세련된 디자인
- 難(むずか)しくて複雑(ふくざつ)な問題(もんだい)でした。 — 어렵고 복잡한 문제였어요.
- 複雑(ふくざつ)で難(むずか)しい問題(もんだい)でした。 — 복잡하고 어려운 문제였어요.

단어
安(やす)い 싸다　重(おも)い 무겁다　きれい 예쁨, 깨끗함
荷物(にもつ) 짐　おしゃれ 세련됨, 멋쟁이　デザイン 디자인　難(むずか)しい 어렵다

해설

형용사를 가지고 '~하고, ~하여, ~해서, ~하며'라는 뜻의 문장을 말해 보기로 할까요?

'용어를 연결한다'라는 의미에서 '연용형'이라고도 말하는데 い형용사와 な형용사의 연용형을 만드는 방법이 있어요. 우선 い형용사는 い를 くて로 바꾸면 돼요. 그리고 な형용사는 사전형에 で를 붙이면 된답니다. 어렵지 않죠? 이제 다양한 형용사를 연결시켜서 보다 세심한 표현을 만들어 보세요.

응용 문장

- 短(みじか)くておもしろい本(ほん)でした。 짧고 재미있는 책이었어요.
- 背(せ)が高(たか)くてかっこいい男(おとこ)の人(ひと) 키가 크고 잘 생긴 남자
- あたたかくて気持(きも)ちいい風(かぜ)ですね。 따뜻하고 기분 좋은 바람이네요.
- まじめで元気(げんき)な人(ひと)ですね。 성실하고 활기찬 사람이네요.
- どっちが便利(べんり)で丈夫(じょうぶ)ですか。 어느 쪽이 편리하고 튼튼한가요?
- 丈夫(じょうぶ)で便利(べんり)なのはこっちです。 튼튼하고 편리한 건 이쪽이에요.
- どっちが軽(かる)くて丈夫(じょうぶ)ですか。 어느 쪽이 가볍고 튼튼한가요?
- 忙(いそが)しくて大変(たいへん)でした。 바빠서 혼났네요(힘들었어요).
- 便利(べんり)で狭(せま)い方(ほう)と、不便(ふべん)で広(ひろ)い方(ほう)、どっちがいいですか。 편리하고 좁은 쪽과 불편하고 넓은 쪽, 어느 쪽이 좋아요?

단어

短(みじか)い 짧다　男(おとこ)の人(ひと) 남자　あたたかい 따뜻하다　気持(きも)ちいい 기분 좋다
丈夫(じょうぶ) 튼튼함　こっち 이쪽　軽(かる)い 가볍다　狭(せま)い 좁다　不便(ふべん) 불편함

복습 문제

앞에서 학습한 문장입니다. 바로 일본어로 말해 볼까요?

1 넓고 싼 방이에요.

2 짧고 재미있는 책이었어요.

3 키가 크고 잘 생긴 남자

4 따뜻하고 기분 좋은 바람이네요.

5 성실하고 활기찬 사람이네요.

6 어느 쪽이 편리하고 튼튼한가요?

7 튼튼하고 편리한 건 이쪽이에요.

8 어느 쪽이 가볍고 튼튼한가요?

9 바빠서 혼났네요(힘들었어요).

10 편리하고 좁은 쪽과 불편하고 넓은 쪽, 어느 쪽이 좋아요?

도전 문제

주어진 문장을 활용해 다양한 문장 만들기에 도전해 보세요!

1 방이 커서 청소가 힘들었어요.

2 밝고 상냥한 성격

3 어둡고 차가운 성격

4 성적도 좋고 성실한 학생입니다. • 성적 成績(せいせき)

5 완고하고 엄격한 사람 • 완고함 頑固(がんこ) • 엄격하다 厳(きび)しい

정답

복습 문제
1 広(ひろ)くて安(やす)い部屋(へや)です。 2 短(みじか)くておもしろい本(ほん)でした。
3 背(せ)が高(たか)くてかっこいい男(おとこ)の人(ひと) 4 あたたかくて気持(きも)ちいい風(かぜ)ですね。
5 まじめで、元気(げんき)な人(ひと)ですね。 6 どっちが便利(べんり)で丈夫(じょうぶ)ですか。
7 丈夫(じょうぶ)で便利(べんり)なのはこっちです。 8 どっちが軽(かる)くて丈夫(じょうぶ)ですか。
9 忙(いそが)しくて大変(たいへん)でした。 10 便利(べんり)で狭(せま)い方と、不便(ふべん)で広(ひろ)い方、どっちがいいですか。

도전 문제
1 部屋(へや)が大(おお)きくて掃除(そうじ)が大変(たいへん)でした。 2 明(あか)るくてやさしい性格(せいかく)
3 暗(くら)くて冷(つめ)たい性格(せいかく) 4 成績(せいせき)も良(よ)くてまじめな学生(がくせい)です。 5 頑固(がんこ)で厳(きび)しい人(ひと)

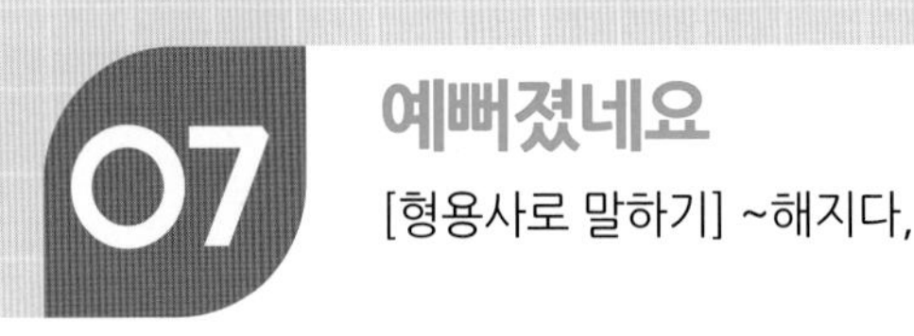

07 예뻐졌네요

[형용사로 말하기] ~해지다, ~게 되다

패턴 꽉!

- きれいになりましたね。 — 예뻐졌네요.
- 少(すこ)し元気(げんき)になりましたか。 — 기운은 좀 차렸습니까?
- 外(そと)が明(あか)るくなりました。 — 밖이 밝아졌어요.
- ちょっと寒(さむ)くなりました。 — 조금 추워졌어요.
- 中学校(ちゅうがっこう)の先生(せんせい)になりました。 — 중학교 선생님이 되었어요.

단어 なる 되다　少(すこ)し 조금　外(そと) 밖　中学校(ちゅうがっこう) 중학교　先生(せんせい) 선생님

해설

형용사는 사람이나 사물의 속성과 상태를 나타내는 말이에요. 그런데 그 속성이나 상태라는 것이 항상 일정하게 유지되는 것은 아니죠. 언제든지 '변화'가 일어날 수 있어요. 바로 그 '변화'를 나타내는 표현을 다루어 보려 해요. '~해지다, ~게 되다'라는 의미를 나타내는 표현을 연습하는 거죠. 물론 な형용사와 い형용사는 각각 그 방법이 달라요.

우선 な형용사는 사전형에 になる를 붙여요. 그리고 い형용사는 い를 떼고 くなる를 붙이면 된답니다.

한 가지 더! 명사에도 になる가 붙을 수 있어요. 마찬가지로 '변화'를 나타내고 '~이 되다'라는 의미가 되지요.

응용 문장

- すみません。ちょっと遅(おそ)くなります。

  죄송해요. 조금 늦겠어요.

- お子(こ)さん、大(おお)きくなりましたね。 자제분이 많이 컸네요.

- 出社(しゅっしゃ)が３０分(さんじゅっぷん)早(はや)くなりました。 출근이 30분 빨라졌어요.

- 家賃(やちん)が高(たか)くなりました。 집세가 비싸졌어요.

- あの人(ひと)はとても有名(ゆうめい)になりました。

  그 사람은 아주 유명해졌어요.

- 世(よ)の中(なか)、便利(べんり)になりましたね。 세상, 편리해졌네요.

- もう静(しず)かになりましたね。 이제 조용해졌네요.

- ３０歳(さんじゅっさい)になりました。 서른 살이 되었어요.

- 小学校(しょうがっこう)の先生(せんせい)になるのが夢(ゆめ)です。

  초등학교 선생님이 되는 것이 꿈이에요.

단어

これから 앞으로　遅(おそ)い 늦다　お子(こ)さん 자제분　出社(しゅっしゃ) 출근
早(はや)い 이르다　家賃(やちん) 집세　３０歳(さんじゅっさい) 서른 살　小学校(しょうがっこう) 초등학교　夢(ゆめ) 꿈

복습 문제

앞에서 학습한 문장입니다. 바로 일본어로 말해 볼까요?

1 예뻐졌네요.

2 죄송해요. 조금 늦겠어요.

3 자제분이 많이 컸네요.

4 출근이 30분 빨라졌어요.

5 집세가 비싸졌어요.

6 그 사람은 아주 유명해졌어요.

7 세상, 편리해졌네요.

8 이제 조용해졌네요.

9 서른 살이 되었어요.

10 초등학교 선생님이 되는 것이 꿈이에요.

도전 문제

주어진 문장을 활용해 다양한 문장 만들기에 도전해 보세요!

1 다시 시끄러워졌어요. • 다시(또) また • 시끄럽다 うるさい

2 죄송합니다. 늦어졌습니다.

3 정말 따뜻해졌죠? • 정말 本当に • 따뜻하다 あたたかい

4 성적이 영 좋아지지 않아요. • 영 なかなか

5 좀 이상해졌어요. • 이상하다 おかしい

정답

복습 문제 1 きれいになりましたね。 2 すみません。ちょっと遅くなります。
3 お子さん、大きくなりましたね。 4 出社が３０分早くなりました。
5 家賃が高くなりました。 6 あの人はとても有名になりました。
7 世の中、便利になりましたね。 8 もう静かになりましたね。 9 ３０歳になりました。
10 小学校の先生になるのが夢です。

도전 문제 1 またうるさくなりました。 2 すみません。遅くなりました。
3 本当にあたたかくなりましたね。 4 成績がなかなか良くなりません。
5 ちょっとおかしくなりました。

08 언제입니까, 무엇입니까

언제 / 무엇

패턴 꽉!

- テストはいつですか。　시험은 언제예요?
- 何時(なんじ)から何時(なんじ)までですか。　몇 시부터 몇 시까지예요?
- それは何(なん)ですか。　그것은 무엇입니까?
- これですか。ペンです。　이것이요? 펜입니다.

단어

いつ 언제　何時(なんじ) 몇 시　~から~まで ~부터 ~까지　何(なに) 무엇

ペン 펜　それ 그것　あれ 저것　どれ 어느 것

해설

8과에서는 일상 대화에서 빠질 수 없는 '언제, 무엇'에 관해 말하는 연습을 해 보려 해요. '언제'는 いつ, '무엇'은 何(なに)라고 하는데, 이 단어 자체보다는 그 내용과 관련한 표현을 익히는 것이 중요해요. 특히 '언제'에 관해 말하려면 시간, 요일, 날짜에 대해 익혀 두는 것이 좋겠지요? 연습문제 다음 페이지를 참고하세요.

何는 읽는 방법이 두 가지예요. 원래는 なに라고 읽지만 だ, で, と, の 앞에서는 なん이라고 읽어요. に, か 앞에 올 때도 なん이라 읽을 때가 있지요. 이를 '음편'이라 하는데, 발음하기 좋게 발음이 바뀌는 현상을 말해요. 발음이 쉬워지는 방향으로 변화가 일어난 것이기 때문에 따로 외우려 노력하지 않아도 자연스럽게 익힐 수 있을 거예요.

위 마지막 예문에 나온 지시대명사 それ, これ도 눈여겨보세요. 'こ, そ, あ, ど'는 '이, 그, 저, 어느'라는 뜻! 그러니까 'これ=이것, それ=그것, あれ=저것, どれ=어느 것'이라 기억하면 된답니다.

응용 문장

- 会議(かいぎ)は４時(よじ)からです。 회의는 4시부터입니다.
- 昼休(ひるやす)みは２時(にじ)までです。 점심 휴식시간은 2시까지입니다.
- テストは水曜日(すいようび)から金曜日(きんようび)までです。 시험은 수요일부터 금요일까지예요.
- 夏休(なつやす)みは、いつからいつまでですか。 여름휴가는 언제부터 언제까지인가요?
- ７月１４日(しちがつじゅうよっか)から８月１０日(はちがつとおか)までです。 7월 14일부터 8월 10일까지예요.
- これは私(わたし)の本(ほん)です。 이건 제 책이에요.
- それはだれのですか。 그건 누구 거죠?
- それは何(なん)ですか。 / これはタブレットです。 그건 뭐예요? / 이거 태블릿이에요.
- あれは何(なん)ですか。 / あれは掃除機(そうじき)です。 저건 뭐예요? / 저건 청소기예요.

단어

昼休(ひるやす)み 점심 휴식시간　水曜日(すいようび) 수요일　金曜日(きんようび) 금요일　だれ 누구
タブレット 태블릿　掃除機(そうじき) 청소기

복습 문제

앞에서 학습한 문장입니다. 바로 일본어로 말해 볼까요?

1 몇 시부터 몇 시까지예요?

2 회의는 4시부터입니다.

3 점심 휴식시간은 2시까지입니다.

4 시험은 수요일부터 금요일까지예요.

5 여름휴가는 언제부터 언제까지인가요?

6 7월 14일부터 8월 10일까지예요.

7 이건 제 책이에요.

8 그건 누구 거죠?

9 그건 뭐예요? / 이거 태블릿이에요.

10 저건 뭐예요? / 저건 청소기예요.

도전 문제

주어진 문장을 활용해 다양한 문장 만들기에 도전해 보세요!

1 그건 언제 신문이에요? • 신문 新聞(しんぶん)

2 이것과 그것이 제 거예요.

3 생일은 언제예요? / 12월 20일이에요. • 생일 誕生日(たんじょうび) • １２月２０日(じゅうにがつはつか)

4 새 학기는 4월 1일부터예요. • 새 학기 新学期(しんがっき) • 4월 1일 ４月１日(しがつついたち)

5 시험은 오늘부터 사흘 동안이에요. • 사흘 동안 ３日間(みっかかん)

정답

복습 문제 1 何時(なんじ)から何時(なんじ)までですか。 2 会議(かいぎ)は４時(よじ)からです。 3 昼休(ひるやす)みは２時(にじ)までです。
4 テストは水曜日(すいようび)から金曜日(きんようび)までです。 5 夏休(なつやす)みは、いつからいつまでですか。
6 ７月１４日(しちがつじゅうよっか)から８月１０日(はちがつとおか)までです。 7 これは私(わたし)の本(ほん)です。 8 それはだれのですか。
9 それは何(なん)ですか。/ これはタブレットです。 10 あれは何(なん)ですか。/ あれは掃除機(そうじき)です。

도전 문제 1 それはいつの新聞(しんぶん)ですか。 2 これとそれが私(わたし)のです。
3 誕生日(たんじょうび)はいつですか。/ １２月２０日(じゅうにがつはつか)です。 4 新学期(しんがっき)は４月１日(しがつついたち)からです。
5 テストは今日(きょう)から３日間(みっかかん)です。

정리해 볼까요?

시간, 요일, 날짜 이렇게 읽으세요.

1. 시간

1시 1時 いちじ	2시 2時 にじ	3시 3時 さんじ	4시 4時 よじ	5시 5時 ごじ
6시 6時 ろくじ	7시 7時 しちじ	8시 8時 はちじ	9시 9時 くじ	10시 10時 じゅうじ
11시 11時 じゅういちじ	12시 12時 じゅうにじ			

1분 1分 いっぷん	2분 2分 にふん	3분 3分 さんぷん	4분 4分 よんぷん	5분 5分 ごふん
6분 6分 ろっぷん	7분 7分 ななふん	8분 8分 はっぷん	9분 9分 きゅうふん	10분 10分 じゅっぷん
30분 30分 さんじゅっぷん	반 半 はん			

2. 요일

월요일 月曜日 げつようび	화요일 火曜日 かようび	수요일 水曜日 すいようび	목요일 木曜日 もくようび	금요일 金曜日 きんようび
토요일 土曜日 どようび	일요일 日曜日 にちようび			

3. 날짜

1월 1月 いちがつ	**2월** 2月 にがつ	**3월** 3月 さんがつ	**4월** 4月 しがつ	**5월** 5月 ごがつ
6월 6月 ろくがつ	**7월** 7月 しちがつ	**8월** 8月 はちがつ	**9월** 9月 くがつ	**10월** 10月 じゅうがつ
11월 11月 じゅういちがつ	**12월** 12月 じゅうにがつ			

1일 一日 ついたち	**2일** 二日 ふつか	**3일** 三日 みっか	**4일** 四日 よっか	**5일** 五日 いつか
6일 六日 むいか	**7일** 七日 なのか	**8일** 八日 ようか	**9일** 九日 ここのか	**10일** 十日 とおか
11일 十一日 じゅういちにち	**11일** 十二日 じゅうににち	**14일** 十四日 じゅうよっか	**20일** 二十日 はつか	**24일** 二十四日 にじゅうよっか

만납니다, 기다립니다, 알겠습니다

[동사로 말하기] う, つ, る로 끝나는 1그룹 동사의 현재, 과거

패턴 꽉!

- 会(あ)う → 会(あ)い + ます, ません, ました, ませんでした
  만납니다, 만나지 않습니다, 만났습니다, 만나지 않았습니다
- 待(ま)つ → 待(ま)ち + ます, ません, ました, ませんでした
  기다립니다, 기다리지 않습니다, 기다렸습니다, 기다리지 않았습니다
- 分(わ)かる → 分(わ)かり + ます, ません, ました, ませんでした
  알겠습니다, 모르겠습니다, 알았습니다, 몰랐습니다

단어 会(あ)う 만나다 待(ま)つ 기다리다 分(わ)かる 알다, 이해하다

해설

일본어 동사에는 1그룹, 2그룹, 3그룹 세 가지 동사 종류가 있어요. 1그룹 동사는 마지막 글자가 ウ단으로 끝나는데, 이들은 다시 세 부류로 나뉘죠. (1) 'う, つ, る'로 끝나는 부류, (2) 'ぬ, む, ぶ'로 끝나는 부류, (3) 'く, ぐ'로 끝나는 부류가 그것이에요.

9과에서 우리는 1그룹 동사 중에서도 'う, つ, る'로 끝나는 부류를 가지고 '~습니다(~겠습니다), ~지 않습니다(~지 않겠습니다), ~았습니다, ~지 않았습니다'라는 말을 해보려고 해요. 방법은 뜻밖에 간단하답니다. ウ단을 イ단으로 바꾼 다음 'ます, ません, ました, ませんでした'를 붙이기만 하면 되지요.

동사를 알게 되면 여러분의 회화 공부에 눈부신 가속도가 붙을 거예요. 예문을 열심히 연습해 보세요!

응용 문장

- ワンピースを買(か)います。　원피스를 사겠습니다.
- がんばります！　열심히 하겠습니다!
- くつは買(か)いません。　구두는 사지 않겠습니다.
- これはよく分(わ)かりません。　이건 잘 모르겠습니다.
- 友達(ともだち)に会(あ)いました。　친구를 만났습니다.
- カレーを作(つく)りました。　카레를 만들었습니다.
- 電車(でんしゃ)に乗(の)りました。　전철을 탔습니다.
- きのうは会(あ)いませんでした。　어제는 만나지 않았습니다.
- 1時間(じかん)しか待(ま)ちませんでした。　1시간밖에 기다리지 않았습니다.
- 彼(かれ)はバスに乗(の)りませんでした。　그는 버스를 타지 않았습니다.

단어

ワンピース 원피스　買(か)う 사다　くつ 구두　よく 잘　がんばる 노력하다, 애쓰다
友達(ともだち) 친구　カレー 카레　作(つく)る 만들다　電車(でんしゃ) 전철　乗(の)る 타다
しか 밖에　待(ま)つ 기다리다　バス 버스

복습 문제

앞에서 학습한 문장입니다. 바로 일본어로 말해 볼까요?

1 원피스를 사겠습니다.

2 구두는 사지 않겠습니다.

3 이건 잘 모르겠습니다.

4 열심히 하겠습니다!

5 친구를 만났습니다.

6 카레를 만들었습니다.

7 전철을 탔습니다.

8 어제는 만나지 않았습니다.

9 1시간밖에 기다리지 않았습니다.

10 그는 버스를 타지 않았습니다.

도전 문제

주어진 문장을 활용해 다양한 문장 만들기에 도전해 보세요!

1 시간이 없습니다. • 시간 時間(じかん) • 있다 ある

---

2 손을 씻었습니다. • 손 手(て) • 씻다 洗(あら)う

---

3 일은 6시에 끝났습니다. • 일 仕事(しごと) • 6시 6時(ろくじ) • 끝나다 終(お)わる

---

4 아무도 앉지 않았습니다. • 아무도 だれも • 앉다 座(すわ)る

---

5 일본어는 중학교 때 조금 배웠습니다. • 일본어 日本語(にほんご) • 배우다 習(なら)う

정답

복습 문제 1 ワンピースを買(か)います。 2 くつは買(か)いません。 3 これはよく分(わ)かりません。
4 がんばります！ 5 友達(ともだち)に会(あ)いました。 6 カレーを作(つく)りました。
7 電車(でんしゃ)に乗(の)りました。 8 きのうは会(あ)いませんでした。 9 1時間(いちじかん)しか待(ま)ちませんでした。
10 彼(かれ)はバスに乗(の)りませんでした。

도전 문제 1 時間(じかん)がありません。 2 手(て)を洗(あら)いました。 3 仕事(しごと)は6時(ろくじ)に終(お)わりました。
4 だれも座(すわ)りませんでした。 5 日本語(にほんご)は中学校(ちゅうがっこう)の時(とき)に少(すこ)し習(なら)いました。

죽습니다, 마십니다, 부릅니다

[동사로 말하기] ぬ, む, ぶ로 끝나는 1그룹 동사의 현재, 과거

패턴 꽉!

- 死(し)ぬ → 死(し)に + ます, ません, ました, ませんでした
  죽습니다, 죽지 않습니다, 죽었습니다, 죽지 않았습니다

- 飲(の)む → 飲(の)み + ます, ません, ました, ませんでした
  마십니다, 마시지 않습니다, 마셨습니다, 마시지 않았습니다

- 呼(よ)ぶ → 呼(よ)び + ます, ません, ました, ませんでした
  부릅니다, 부르지 않습니다, 불렀습니다, 부르지 않았습니다

단어 死(し)ぬ 죽다　飲(の)む 마시다　呼(よ)ぶ 부르다

해설

9과에서 설명했다시피 일본어 동사에는 1그룹, 2그룹, 3그룹 세 가지 동사 종류가 있어요. 1그룹 동사는 마지막 글자가 ウ단으로 끝나는데, 이들은 다시 세 부류로 나뉘고요. (1) ‘う, つ, る’로 끝나는 부류, (2) ‘ぬ, む, ぶ’로 끝나는 부류, (3) ‘く, ぐ’로 끝나는 부류였죠?

10과에서 우리는 1그룹 동사 중에서도 ‘ぬ, む, ぶ’로 끝나는 부류를 가지고 ‘~습니다(~겠습니다), ~지 않습니다(~지 않겠습니다), ~았습니다, ~지 않았습니다’라는 말을 해보려고 해요. 방법은 9과와 마찬가지로 ウ단을 イ단으로 바꾼 다음 ‘ます, ません, ました, ませんでした’를 붙이기만 하면 돼요.

자 이제 새로운 동사를 만나 볼까요? 예문을 열심히 연습해 보세요!

응용 문장

- 人(ひと)はいつかは死(し)にます。 사람은 언젠가는 죽습니다.
- 一ヶ月(いっかげつ)に何冊(なんさつ)の本(ほん)を読(よ)みますか。 한 달에 몇 권의 책을 읽습니까?
- 週末(しゅうまつ)は休(やす)みます。 주말에는 쉽니다.
- 私(わたし)はコーヒーを飲(の)みません。 저는 커피를 마시지 않습니다.
- 主人公(しゅじんこう)は死(し)にません。 주인공은 죽지 않습니다.
- 友達(ともだち)とお酒(さけ)を飲(の)みました。 친구와 술을 마셨습니다.
- タクシーを呼(よ)びました。 택시를 불렀습니다.
- 遊園地(ゆうえんち)で遊(あそ)びました。 놀이공원에서 놀았습니다.
- 先週末(せんしゅうまつ)は休(やす)みませんでした。 지난주 말에는 쉬지 않았습니다.
- 先生(せんせい)は私(わたし)の名前(なまえ)を呼(よ)びませんでした。 선생님은 내 이름을 부르지 않았습니다.

단어

いつか 언젠가　一ヶ月(いっかげつ) 한 달　何冊(なんさつ) 몇 권　読(よ)む 읽다　週末(しゅうまつ) 주말　休(やす)む 쉬다
コーヒー 커피　主人公(しゅじんこう) 주인공　タクシー 택시　遊園地(ゆうえんち) 유원지, 놀이공원
遊(あそ)ぶ 놀다　先週末(せんしゅうまつ) 지난주 말　名前(なまえ) 이름

복습 문제

앞에서 학습한 문장입니다. 바로 일본어로 말해 볼까요?

1 사람은 언젠가는 죽습니다.

2 한 달에 몇 권의 책을 읽습니까?

3 주말에는 쉽니다.

4 저는 커피를 마시지 않습니다.

5 주인공은 죽지 않습니다.

6 친구와 술을 마셨습니다.

7 택시를 불렀습니다.

8 놀이공원에서 놀았습니다.

9 지난주 말에는 쉬지 않았습니다.

10 선생님은 내 이름을 부르지 않았습니다.

도전 문제 주어진 문장을 활용해 다양한 문장 만들기에 도전해 보세요!

1 애견이 죽었습니다. • 애견 愛犬(あいけん)

2 선생님은 쓰요시 군을 불렀습니다. • 쓰요시 군 剛君(つよしくん)

3 종이 신문은 거의 읽지 않습니다. • 종이 신문 紙(かみ)の新聞(しんぶん) • 거의 ほとんど

4 예전에는 술을 전혀 마시지 않았습니다. • 예전 昔(むかし) • 전혀 全然(ぜんぜん)

5 자료를 읽지 않았습니까? • 자료 資料(しりょう)

정답

복습 문제 1 人(ひと)はいつかは死(し)にます。 2 一ヶ月(いっかげつ)に何冊(なんさつ)の本(ほん)を読(よ)みますか。 3 週末(しゅうまつ)は休(やす)みます。 4 私(わたし)はコーヒーを飲(の)みません。 5 主人公(しゅじんこう)は死(し)にません。 6 友達(ともだち)とお酒(さけ)を飲(の)みました。 7 タクシーを呼(よ)びました。 8 遊園地(ゆうえんち)で遊(あそ)びました。 9 先週末(せんしゅうまつ)は休(やす)みませんでした。 10 先生(せんせい)は私(わたし)の名前(なまえ)を呼(よ)びませんでした。

도전 문제 1 愛犬(あいけん)が死(し)にました。 2 先生(せんせい)は剛君(つよしくん)を呼(よ)びました。 3 紙(かみ)の新聞(しんぶん)はほとんど読(よ)みません。 4 昔(むかし)はお酒(さけ)を全然(ぜんぜん)飲(の)みませんでした。 5 資料(しりょう)を読(よ)みませんでしたか。

씁니다, 서두릅니다

[동사로 말하기] く, ぐ로 끝나는 1그룹 동사의 현재, 과거

패턴 꽉!

- 書く(か)

  → 書き(か) + ます、ません、ました、ませんでした

  씁니다, 쓰지 않습니다, 썼습니다, 쓰지 않았습니다

- 急ぐ(いそ)

  → 急ぎ(いそ) + ます、ません、ました、ませんでした

  서두릅니다, 서두르지 않습니다, 서둘렀습니다, 서두르지 않았습니다

단어 書く(か) 쓰다 急ぐ(いそ) 서두르다

해설

9, 10과에서 설명했다시피 일본어 동사에는 1그룹, 2그룹, 3그룹 세 가지 동사 종류가 있어요. 1그룹 동사는 마지막 글자가 ウ단으로 끝나죠. 이들은 다시 세 부류로 나뉘는데 (1) 'う, つ, る'로 끝나는 부류, (2) 'ぬ, む, ぶ'로 끝나는 부류, (3) 'く, ぐ'로 끝나는 부류였어요.

9과에서는 'う, つ, る'로 끝나는 부류, 10과에서는 'ぬ, む, ぶ'로 끝나는 부류를 가지고 '~습니다(~겠습니다), ~지 않습니다(~지 않겠습니다), ~았습니다, ~지 않았습니다'라고 말하는 연습을 했어요. 이번에는 'く, ぐ'로 끝나는 부류를 연습할 거예요. 방법은 마찬가지로 ウ단을 イ단으로 바꾼 다음 'ます, ません, ました, ませんでした'를 붙이기만 하면 되죠. 쉽죠?

이렇게 해서 동사 중에서 그 숫자가 가장 많은 1그룹 동사의 'ます, ません, ました, ませんでした'의 연습은 끝이 납니다. 2그룹, 3그룹은 훨씬 쉬우니까 걱정할 것 없어요!

응용 문장

- 毎日日記を書きます。 매일 일기를 씁니다.
- タクシーで行きます。 택시로 가겠습니다.
- 絶対に泣きません。 절대로 울지 않겠습니다.
- 私はスカートはあまり履きません。 나는 스커트를 별로 입지 않습니다.
- よく書きました！ 잘 썼습니다!
- 魚を焼きました。 생선을 구웠습니다.
- ラジオを聞きました。 라디오를 들었습니다.
- メールが届きました。 메일이 도착했습니다.
- 彼女は泣きませんでした。 그녀는 울지 않았습니다.
- 食事に行きませんでしたか。 식사하러 가지 않았습니까?

단어

毎日 매일　日記 일기　行く 가다　絶対に 절대로　泣く 울다　スカート 스커트
履く 신다, (치마, 바지를) 입다　魚 생선　焼く 굽다　ラジオ 라디오　聞く 듣다
メール 메일　届く 도달하다, 도착하다　彼女 그녀　食事 식사

복습 문제

앞에서 학습한 문장입니다. 바로 일본어로 말해 볼까요?

1 매일 일기를 씁니다.

2 택시로 가겠습니다.

3 절대로 울지 않겠습니다.

4 나는 스커트를 별로 입지 않습니다.

5 잘 썼습니다!

6 생선을 구웠습니다.

7 라디오를 들었습니다.

8 메일이 도착했습니다.

9 그녀는 울지 않았습니다.

10 식사하러 가지 않았습니까?

도전 문제

주어진 문장을 활용해 다양한 문장 만들기에 도전해 보세요!

1 열심히 일했습니다. • 열심히 一生懸命 • 일하다 働く

2 친구를 많이 초대했습니다. • 초대하다 招く

3 하루 2시간씩 걸었습니다. • 하루 一日 • 씩 ずつ • 걷다 歩く

4 예전에는 전혀 걷지 않았습니다.

5 여기 두지 않았습니까? • 두다 置く

정답

복습 문제 1 毎日日記を書きます。 2 タクシーで行きます。 3 絶対に泣きません。 4 私はスカートはあまり履きません。 5 よく書きました！ 6 魚を焼きました。 7 ラジオを聞きました。 8 メールが届きました。 9 彼女は泣きませんでした。 10 食事に行きませんでしたか。

도전 문제 1 一生懸命働きました。 2 友達をたくさん招きました。 3 一日2時間ずつ歩きました。 4 昔は全然歩きませんでした。 5 ここに置きませんでしたか。

일어납니다, 먹습니다

[동사로 말하기] 2그룹 동사의 현재, 과거

패턴 꽉!

- 起(お)きる

→ 起(お)き + ます、ません、ました、ませんでした

일어납니다, 일어나지 않습니다, 일어났습니다, 일어나지 않았습니다

- 食(た)べる

→ 食(た)べ + ます、ません、ました、ませんでした

먹습니다, 먹지 않습니다, 먹었습니다, 먹지 않았습니다

단어 起(お)きる 일어나다 食(た)べる 먹다

해설

이번에는 일본어의 2그룹 동사를 가지고 말하기 연습을 해 봅시다. 2그룹 동사는 る로 끝이 나요. る 앞이 イ단인 동사와 る 앞이 エ단인 동사 두 가지가 있지만, 구분 없이 2그룹으로 생각하시면 되고요.

2그룹 동사의 활용은 아주 쉬워요. '~습니다(~겠습니다), ~지 않습니다(~지 않겠습니다), ~았습니다, ~지 않았습니다'라고 말하려면 무조건 る를 떼고 'ます, ません, ました, ませんでした'를 붙이기만 하면 되니까요. 정말 쉽죠?

응용 문장

- 毎朝(まいあさ)6時(ろくじ)に起(お)きます。 매일 아침 6시에 일어납니다.
- 週末(しゅうまつ)は早(はや)く起(お)きません。 주말은 일찍 일어나지 않습니다.
- 朝(あさ)ごはんを食(た)べます。 아침밥을 먹습니다.
- 私(わたし)はお肉(にく)を食(た)べません。 저는 고기를 먹지 않습니다.
- きのうは映画(えいが)を見(み)ました。 어제는 영화를 보았습니다.
- ぐっすり寝(ね)ました。 푹 잤습니다.
- 売(う)り上(あ)げが増(ふ)えました。 매출이 늘었습니다.
- ログインできませんでした。 로그인할 수 없었습니다.
- 電話(でんわ)をかけませんでしたか。 전화를 걸지 않았습니까?
- あのドラマしか見(み)ませんでした。 그 드라마밖에 보지 않았습니다.

단어

毎朝(まいあさ) 매일 아침　早(はや)く 일찍　朝(あさ)ごはん 아침밥　お肉(にく) 고기　映画(えいが) 영화　見(み)る 보다
ぐっすり 푹　寝(ね)る 자다　売(う)り上(あ)げ 매출　増(ふ)える 늘다　ログイン 로그인
できる 할 수 있다　電話(でんわ) 전화　かける 걸다　ドラマ 드라마　しか ~밖에

복습 문제

앞에서 학습한 문장입니다. 바로 일본어로 말해 볼까요?

1 매일 아침 6시에 일어납니다.

2 주말은 일찍 일어나지 않습니다.

3 아침밥을 먹습니다.

4 저는 고기를 먹지 않습니다.

5 어제는 영화를 보았습니다.

6 푹 잤습니다.

7 매출이 늘었습니다.

8 로그인할 수 없었습니다.

9 전화를 걸지 않았습니까?

10 그 드라마밖에 보지 않았습니다.

도전 문제

주어진 문장을 활용해 다양한 문장 만들기에 도전해 보세요!

1 TV는 별로 보지 않습니다. • TV テレビ

2 고등학교 때, 교복을 입었습니까? • 고등학교 高校(こうこう) • 교복 制服(せいふく) • 입다 着(き)る

3 예, 입었습니다. / 아니오, 입지 않았습니다. • 아니오 いいえ

4 대체로 11시에 자는데, 어제는 9시에 잤습니다. • 대체로 大体(だいたい)

5 근처에 맛있는 라멘 가게가 생겼습니다.
• 근처 近所(きんじょ) • 라멘 가게 ラーメン屋(や)さん • 생기다 できる

정답

복습 문제

1 毎朝(まいあさ)6時(ろくじ)に起(お)きます。 2 週末(しゅうまつ)は早(はや)く起(お)きません。 3 朝(あさ)ごはんを食(た)べます。

4 私(わたし)はお肉(にく)を食(た)べません。 5 きのうは映画(えいが)を見(み)ました。 6 ぐっすり寝(ね)ました。

7 売(う)り上(あ)げが増(ふ)えました。 8 ログインできませんでした。 9 電話(でんわ)をかけませんでしたか。

10 あのドラマしか見(み)ませんでした。

도전 문제

1 テレビはあまり見(み)ません。 2 高校(こうこう)の時(とき)、制服(せいふく)を着(き)ましたか。

3 はい、着(き)ました。/ いいえ、着(き)ませんでした。

4 大体(だいたい)１１時(じゅういちじ)に寝(ね)ますけど、きのうは9時(くじ)に寝(ね)ました。

5 近所(きんじょ)においしいラーメン屋(や)さんができました。

합니다, 옵니다

[동사로 말하기] 3그룹 동사의 현재, 과거

- する

→ し + ます、ません、ました、ませんでした

합니다, 하지 않습니다, 했습니다, 하지 않았습니다

- 来(く)る

→ 来(き) + ます、ません、ました、ませんでした

옵니다, 오지 않습니다, 왔습니다, 오지 않았습니다

단어　する 하다　来(く)る 오다

해설

이번에는 일본어의 3그룹 동사로 말하기 연습을 해 봅시다. 3그룹 동사는 불규칙적으로 활용된다는 특징이 있는데 딱 두 개밖에 없어요. する와 来(く)る인데요. 이 두 동사로 '~습니다(~겠습니다), ~지 않습니다(~지 않겠습니다), ~았습니다, ~지 않았습니다'라고 말할 때는 그 형태를 외워야 해요. する는 します, しません, しました, しませんでした가 돼요. 어렵지 않죠? 그런데 来(く)る는 형태는 어렵지 않지만, 발음에 변화가 생기기 때문에 주의해야 하죠. 来ます(きます), 来ません(きません), 来ました(きました), 来ませんでした(きませんでした)가 된답니다.

する는 그 자체로도 쓰이지만 '명사 + する'의 형태로 쓰일 때도 위의 설명처럼 활용된다는 것까지 기억해 두세요.

응용 문장

- １０月(じゅうがつ)に結婚(けっこん)します。　10월에 결혼합니다.
- 今日中(きょうじゅう)に整理(せいり)します。　오늘 중에 정리하겠습니다.
- 明日(あした)９時(くじ)まで来(き)ます。　내일 9시까지 오겠습니다.
- そんなこと心配(しんぱい)しません。　그런 것, 걱정하지 않습니다.
- 私(わたし)は参加(さんか)しません。　저는 참여하지 않겠습니다.
- 香取(かとり)さんは来(き)ません。　가토리 씨는 오지 않습니다.
- 合格(ごうかく)しました！　합격했습니다!
- 友達(ともだち)がたくさん来(き)ました。　친구들이 많이 왔습니다.
- 中居(なかい)さんは参加(さんか)しませんでした。　나카이 씨는 참여하지 않았습니다.
- ここには来(き)ませんでした。　여기에는 오지 않았습니다.

단어

結婚(けっこん)する 결혼하다　今日中(きょうじゅう) 오늘 중　整理(せいり)する 정리하다　明日(あした) 내일　こと 것, 점
心配(しんぱい)する 걱정하다　参加(さんか)する 참여하다　合格(ごうかく)する 합격하다　たくさん 많이

복습 문제 앞에서 학습한 문장입니다. 바로 일본어로 말해 볼까요?

1 10월에 결혼합니다.

2 오늘 중에 정리하겠습니다.

3 내일 9시까지 오겠습니다.

4 그런 것, 걱정하지 않습니다.

5 저는 참여하지 않겠습니다.

6 가토리 씨는 오지 않습니다.

7 합격했습니다!

8 친구들이 많이 왔습니다.

9 나카이 씨는 참여하지 않았습니다.

10 여기에는 오지 않았습니다.

도전 문제

주어진 문장을 활용해 다양한 문장 만들기에 도전해 보세요!

1 다시 연락하겠습니다.
• 연락하다 連絡(れんらく)する

2 먼저 실례하겠습니다.
• 먼저 お先(さき)に • 실례하다 失礼(しつれい)する

3 오늘은 아무도 오지 않았습니다.

4 소개하겠습니다. 여동생 마키입니다.
• 소개하다 紹介(しょうかい)する • 여동생 妹(いもうと)

5 대학 졸업 후, 미국에 유학 갔습니다.
• 대학 大学(だいがく) • 졸업 후 卒業後(そつぎょうご) • 미국 アメリカ • 유학 가다 留学(りゅうがく)する

정답

복습 문제 1 10月(じゅうがつ)に結婚(けっこん)します。 2 今日中(きょうじゅう)に整理(せいり)します。 3 明日(あした)9時(くじ)まで来(き)ます。 4 そんなこと心配(しんぱい)しません。 5 私(わたし)は参加(さんか)しません。 6 香取(かとり)さんは来(き)ません。 7 合格(ごうかく)しました！ 8 友達(ともだち)がたくさん来(き)ました。 9 中居(なかい)さんは参加(さんか)しませんでした。 10 ここには来(き)ませんでした。

도전 문제 1 また連絡(れんらく)します。 2 お先(さき)に失礼(しつれい)します。 3 今日(きょう)はだれも来(き)ませんでした。 4 紹介(しょうかい)します。妹(いもうと)の真木(まき)です。 5 大学卒業後(だいがくそつぎょうご)、アメリカに留学(りゅうがく)しました。

14 도쿄에 가고 싶어요

~하고 싶어요

패턴 꽉!

- 東京(とうきょう)に行(い)きたいです。 도쿄에 가고 싶어요.
- 焼肉(やきにく)が食(た)べたいです。 불고기를 먹고 싶어요.
- どんな仕事(しごと)がしたいですか。 어떤 일을 하고 싶어요?
- また来(き)たいですね。 또 오고 싶네요.

단어 東京(とうきょう) 도쿄 焼肉(やきにく) 불고기

해설

'～ます, ～ません, ～ました, ～ませんでした'를 열심히 연습했으니까 이제 활용도 해 봐야 되겠죠? 14과에서는 '~하고 싶다'라는 표현을 연습해 보려고 해요. 방법은 직전까지 배운 내용과 관련이 있어요. '～ます, ～ません, ～ました, ～ませんでした'가 붙기 직전까지의 형태를 문법에서는 'ます형'이라고 하는데, 이 'ます형'에 '～たい'를 붙이면 '~하고 싶다'라는 의미가 된답니다.

한 가지 주의할 점은 '~을 하고 싶다'라고 할 때, を가 아니라 조사 が를 쓰는 경우가 많다는 거예요. 복잡한 문법이나 매우 긴 예문을 인용한 설명은 생략하기로 합니다.

たい는 사전형이에요. 활용법은 い형용사의 활용과 같죠. 반말은 '하고 싶다 たい', '하고 싶었다 たかった', '하고 싶지 않다 たくない', '하고 싶지 않았다 たくなかった'가 되고, 존댓말은 '하고 싶습니다 たいです', '하고 싶었습니다 たかったです', '하고 싶지 않습니다 たくないです', '하고 싶지 않았습니다 たくなかったです'가 됩니다.

응용 문장

- 会(あ)いたいです。 보고(만나고) 싶어요.
- あなたと一緒(いっしょ)にいたいです。 당신과 함께 있고 싶어요.
- 玉木(たまき)さんと結婚(けっこん)したいです。 다마키 씨와 결혼하고 싶어요.
- 今(いま)は何(なに)も話(はな)したくないです。 지금은 아무것도 이야기하고 싶지 않아요.
- ホラー映画(えいが)は見(み)たくないです。 공포 영화는 보고 싶지 않아요.
- もう少(すこ)し休(やす)みたかったです。 조금 더 쉬고 싶었어요.
- キャンセルしたかったです。 취소하고 싶었어요.
- 帰(かえ)りたくなかったです。 돌아가고 싶지 않았어요.
- 人(ひと)に見(み)せたくなかったです。 남에게 보여주고 싶지 않았어요.
- 二度(にど)と来(き)たくなかったです。 두 번 다시 오고 싶지 않았어요.

단어

一緒(いっしょ)に 함께　何(なに)も 아무것도　話(はな)す 이야기하다　ホラー映画(えいが) 호러 영화, 공포 영화
もう少(すこ)し 조금 더　キャンセルする 취소하다　帰(かえ)る 돌아가다
人(ひと) 남, 타인　見(み)せる 보여주다　二度(にど)と 두 번 다시

복습 문제

앞에서 학습한 문장입니다. 바로 일본어로 말해 볼까요?

1 보고(만나고) 싶어요.

2 당신과 함께 있고 싶어요.

3 다마키 씨와 결혼하고 싶어요.

4 지금은 아무것도 이야기하고 싶지 않아요.

5 공포 영화는 보고 싶지 않아요.

6 조금 더 쉬고 싶었어요.

7 취소하고 싶었어요.

8 돌아가고 싶지 않았어요.

9 남에게 보여주고 싶지 않았어요.

10 두 번 다시 오고 싶지 않았어요.

도전 문제

주어진 문장을 활용해 다양한 문장 만들기에 도전해 보세요!

1 생맥주를 마시고 싶어요. • 생맥주 生ビール

2 TV 방송국에 들어가고 싶었어요. • TV 방송국 テレビ局 • 들어가다 入る

3 함께 여행 가고 싶어요. • 여행 가다 旅行に行く

4 뭔가 먹고 싶은 것이 있습니까? • 뭔가 何か

5 초등학교 선생님이 되고 싶었어요.

정답

복습 문제 1 会いたいです。 2 あなたと一緒にいたいです。 3 玉木さんと結婚したいです。
4 今は何も話したくないです。 5 ホラー映画は見たくないです。
6 もう少し休みたかったです。 7 キャンセルしたかったです。
8 帰りたくなかったです。 9 人に見せたくなかったです。 10 二度と来たくなかったです。

도전 문제 1 生ビールが飲みたいです。 2 テレビ局に入りたかったです。
3 一緒に旅行に行きたいです。 4 何か食べたいものがありますか。
5 小学校の先生になりたかったです。

노래를 부르면서 걸었습니다

~하면서

패턴 꽉!

- 歌(うた)を歌(うた)いながら歩(ある)きました。 노래를 부르면서 걸었습니다.
- 音楽(おんがく)を聴(き)きながら勉強(べんきょう)をします。 음악을 들으면서 공부를 합니다.
- テレビを見(み)ながらご飯(はん)を食(た)べます。 TV를 보면서 밥을 먹습니다.
- ご飯(はん)を食(た)べながら新聞(しんぶん)を読(よ)みます。 밥을 먹으면서 신문을 읽습니다.

단어 歌(うた)う 노래하다 音楽(おんがく) 음악 聴(き)く (귀기울여) 듣다 読(よ)む 읽다

해설

ます형의 활용을 하나 더 알아볼까요? 15과에서는 '~하면서'라는 표현을 연습해 보려고 해요. 이 표현은 '동시 동작'을 나타냅니다. 무언가를 하면서 동시에 다른 동작을 하는 상황에서 쓰는 것이죠. 방법은 직전까지 배운 내용과 관련이 있어요. 표현을 만들 때는 '~ます, ~ません, ~ました, ~ませんでした'가 붙기 직전까지의 형태, 즉 ます형에 ~ながら를 붙이면 된답니다.

바쁜 현대인은 무언가 하나에만 집중하기 어려운 환경에서 살고 있지요. 그래서 현재를 살아가는 사람들이 가장 많이 보이는 행동이 동시 동작인데요, 그런 만큼 대단히 자주 쓰이는 표현이에요. 연습해 볼까요?

응용 문장

- お茶(ちゃ)でも飲(の)みながら話(はな)しますか。 차라도 마시면서 이야기할래요?
- 音楽(おんがく)を聴(き)きながらシャワーを浴(あ)びます。 음악을 들으면서 샤워를 합니다.
- ラジオを聞(き)きながら運転(うんてん)をします。 라디오를 들으면서 운전을 합니다.
- 左右(さゆう)を見(み)ながら道(みち)を渡(わた)ります。 좌우를 보면서 길을 건넙니다.
- スマホを見(み)ながら歩(ある)くのは危(あぶ)ない行動(こうどう)です。 스마트폰을 보면서 걷는 것은 위험한 행동입니다.
- ご飯(はん)を食(た)べながらおしゃべりをしました。 밥을 먹으면서 수다를 떨었습니다.
- 写真(しゃしん)を見(み)せながら説明(せつめい)しました。 사진을 보여주면서 설명했습니다.
- 運転(うんてん)しながら電話(でんわ)をしますか。 운전하면서 전화를 하세요?
- バイトをしながら小説(しょうせつ)を書(か)きました。 아르바이트를 하면서 소설을 썼습니다.

단어

お茶(ちゃ) 차　シャワーを浴(あ)びる 샤워를 하다　ラジオ 라디오　運転(うんてん) 운전
左右(さゆう) 좌우　道(みち) 길　渡(わた)る 건너다　スマホ 스마트폰(スマートフォン의 줄임말)
行動(こうどう) 행동　おしゃべりをする 수다를 떨다　写真(しゃしん) 사진
バイト 아르바이트(アルバイト의 줄임말)　小説(しょうせつ) 소설

복습 문제

앞에서 학습한 문장입니다. 바로 일본어로 말해 볼까요?

1 노래를 부르면서 걸었습니다.

2 차라도 마시면서 이야기할래요?

3 음악을 들으면서 샤워를 합니다.

4 라디오를 들으면서 운전을 합니다.

5 좌우를 보면서 길을 건넙니다.

6 스마트폰을 보면서 걷는 것은 위험한 행동입니다.

7 밥을 먹으면서 수다를 떨었습니다.

8 사진을 보여주면서 설명했습니다.

9 운전하면서 전화를 하세요?

10 아르바이트를 하면서 소설을 썼습니다.

도전 문제

주어진 문장을 활용해 다양한 문장 만들기에 도전해 보세요!

1 단풍을 보면서 걸었습니다. • 단풍 もみじ

2 이야기를 들으면서 메모를 했습니다. • 메모를 하다 メモを取(と)る

3 노래를 부르면서 춤을 추었습니다. • 춤추다 踊(おど)る

4 껌을 씹으면서 운전을 했습니다. • 껌 ガム • 씹다 噛(か)む

5 양치질을 하면서 세면대를 정리합니다.
• 양치질을 하다 歯磨(はみが)きをする • 세면대 洗面台(せんめんだい) • 정리하다 片付(かたづ)ける

정답

복습 문제
1 歌(うた)を歌(うた)いながら歩(ある)きました。 2 お茶(ちゃ)でも飲(の)みながら話(はな)しますか。
3 音楽(おんがく)を聴(き)きながらシャワーを浴(あ)びます。 4 ラジオを聞(き)きながら運転(うんてん)をします。
5 左右(さゆう)を見(み)ながら道(みち)を渡(わた)ります。 6 スマホを見(み)ながら歩(ある)くのは危(あぶ)ない行動(こうどう)です。
7 ご飯(はん)を食(た)べながらおしゃべりをしました。 8 写真(しゃしん)を見(み)せながら説明(せつめい)しました。
9 運転(うんてん)しながら電話(でんわ)をしますか。 10 バイトをしながら小説(しょうせつ)を書(か)きました。

도전 문제
1 もみじを見(み)ながら歩(ある)きました。 2 話(はなし)を聞(き)きながらメモを取(と)りました。
3 歌(うた)を歌(うた)いながら踊(おど)りました。 4 ガムを噛(か)みながら運転(うんてん)をしました。
5 歯磨(はみが)きをしながら洗面台(せんめんだい)を片付(かたづ)けます。

16 만나고 왔습니다

[동사로 말하기] う, つ, る로 끝나는 1그룹 동사: ~하고, ~해서, ~하며 / ~했다

패턴 꽉!

- 会(あ)ってきました。 만나고 왔습니다.
- さっき会(あ)った人(ひと)はだれですか。 아까 만난 사람은 누구입니까?
- 待(ま)っていましたか。 기다리고 있었습니까?
- 1時間以上(いちじかんいじょう)待(ま)ったのは初(はじ)めてです。 한 시간 이상 기다린 것은 처음입니다.
- 頭(あたま)では分(わ)かっています。 머리로는 알고 있습니다.

단어 さっき 아까 いる 있다 1時間(いちじかん) 1시간 以上(いじょう) 이상 初(はじ)めて 처음 頭(あたま) 머리

해설

1그룹 동사 중 'う, つ, る'로 끝나는 동사를 가지고 '~하고, ~해서, ~하며'와 '~했다(과거 보통형)'라는 문장을 말하는 연습을 해 봅시다. '~하고, ~해서, ~하며'는 어떤 동사든지 て형을 쓰고, '~했다'는 어떤 동사든지 た형을 쓰는데, 이 둘을 한 군데 모아 설명하는 이유는 활용 방식이 비슷하기 때문이에요. 'う, つ, る'로 끝나는 동사의 て형은 'う, つ, る'를 'って'로 바꾸고, た형은 'う, つ, る'를 'った'로 바꾸면 돼요. 'って'와 'った', 비슷하죠?

응용 문장

- タバコを吸(す)っています。 담배를 피우고 있습니다.
- コーヒーを買(か)ってきました。 커피를 사 왔습니다.
- あのペン、私(わたし)が持(も)っています。 그 펜, 제가 갖고 있습니다.
- 東京(とうきょう)で育(そだ)った人(ひと)です。 도쿄에서 자란 사람입니다.
- 資料(しりょう)は全部(ぜんぶ)持(も)っています。 자료는 전부 들고 있습니다.
- 会議室(かいぎしつ)に集(あつ)まっています。 회의실에 모여 있습니다.
- 会議室(かいぎしつ)に集(あつ)まって話(はな)し合(あ)いました。 회의실에 모여 이야기를 나누었습니다.
- ２キロも太(ふと)って驚(おどろ)きました。 2킬로그램이나 쪄서 놀랐습니다.
- すでに終(お)わったのですか。 벌써 끝난 겁니까?

단어

タバコ 담배　吸(す)う 피다　ペン 펜　持(も)つ 들다, 가지다　東京(とうきょう) 도쿄
育(そだ)つ 자라다　全部(ぜんぶ) 전부　会議室(かいぎしつ) 회의실　集(あつ)まる 모이다　話(はな)し合(あ)う 이야기 나누다
２キロ 2킬로그램　太(ふと)る 살찌다　驚(おどろ)く 놀라다　すでに 이미, 벌써　終(お)わる 끝나다

복습 문제

앞에서 학습한 문장입니다. 바로 일본어로 말해 볼까요?

1 기다리고 있었습니까?

2 담배를 피우고 있습니다.

3 커피를 사 왔습니다.

4 그 펜, 제가 갖고 있습니다.

5 도쿄에서 자란 사람입니다.

6 자료는 전부 들고 있습니다.

7 회의실에 모여 있습니다.

8 회의실에 모여 이야기를 나누었습니다.

9 2킬로그램이나 쪄서 놀랐습니다.

10 벌써 끝난 겁니까?

도전 문제

주어진 문장을 활용해 다양한 문장 만들기에 도전해 보세요!

1 시험이 끝나서 기쁩니다. • 기쁘다 うれしい

2 손을 씻고 왔습니다.

3 6시에 만나서 콘서트에 갔습니다. • 콘서트 コンサート

4 카레를 만들어 먹었습니다.

5 시간이 되어서 집에 돌아갔습니다. • 집 家(いえ)

정답

복습 문제 1 待(ま)っていましたか。 2 タバコを吸(す)っています。 3 コーヒーを買(か)ってきました。 4 あのペン、私(わたし)が持(も)っています。 5 東京(とうきょう)で育(そだ)った人(ひと)です。 6 資料(しりょう)は全部(ぜんぶ)持(も)っています。 7 会議室(かいぎしつ)に集(あつ)まっています。 8 会議室(かいぎしつ)に集(あつ)まって話(はな)し合(あ)いました。 9 2キロも太(ふと)って驚(おどろ)きました。 10 すでに終(お)わったのですか。

도전 문제 1 テストが終(お)わってうれしいです。 2 手(て)を洗(あら)ってきました。 3 6時(ろくじ)に会(あ)ってコンサートに行(い)きました。 4 カレーを作(つく)って食(た)べました。 5 時間(じかん)になって家(いえ)に帰(かえ)りました。

17 술을 마시고 노래를 불렀습니다

[동사로 말하기] ぬ, む, ぶ로 끝나는 1그룹 동사: ~하고, ~해서, ~하며 / ~했다

패턴 꽉!

- 愛犬(あいけん)が死(し)んで悲(かな)しいです。 애견이 죽어서 슬픕니다.
- いつ死(し)んだのですか。 언제 죽은 겁니까?
- お酒(さけ)を飲(の)んで歌(うた)を歌(うた)いました。 술을 마시고 노래를 불렀습니다.
- 薬(くすり)を飲(の)んだ後(あと)、すぐ寝(ね)ました。 약을 먹은 뒤, 곧바로 잤습니다.
- タクシーを呼(よ)んで行(い)きました。 택시를 불러서 갔습니다.
- タクシーを呼(よ)んだのが１１時(じゅういちじ)でした。 택시를 부른 것이 11시였습니다.

단어 悲(かな)しい 슬프다 薬(くすり) 약 後(あと) 뒤, 후 すぐ 곧바로

해설

1그룹 동사 중 'ぬ, む, ぶ'로 끝나는 동사를 가지고 '~하고, ~해서, ~하며'와 '~했다(과거 보통형)'라는 문장을 말하는 연습을 해 볼 거예요. '~하고, ~해서, ~하며'는 어떤 동사든지 て형을 쓰고, '~했다'는 어떤 동사든지 た형을 쓴다고 앞에서 설명했죠?

'ぬ, む, ぶ'로 끝나는 동사를 가지고 て형을 만들 때는 'ぬ, む, ぶ'를 'んで'로 바꾸면 되고, た형을 만들 때는 'んだ'로 바꾸면 됩니다. 예문을 열심히 연습해 보세요!

응용 문장

- 今日(きょう)は休(やす)んでいます。 오늘은 쉬고 있습니다.
- あの本(ほん)を読(よ)んで感動(かんどう)しました。 그 책을 읽고 감동했습니다.
- ソウルに住(す)んでいます。 서울에 살고 있습니다.
- ちょっと飲(の)んでみました。 조금 마셔 봤습니다.
- きのう飲(の)んだビールはおいしかったです。 어제 마신 맥주는 맛있었습니다.
- 友達(ともだち)を呼(よ)んで一緒(いっしょ)に行(い)きました。 친구를 불러 함께 갔습니다.
- 遊園地(ゆうえんち)で遊(あそ)んでいます。 놀이공원에서 놀고 있습니다.
- 友達(ともだち)と遊(あそ)んできました。 친구와 놀다 왔습니다.
- これを選(えら)んだ理由(りゆう)は何(なん)ですか。 이걸 고른 이유는 무엇입니까?
- 荷物(にもつ)は車(くるま)で運(はこ)んでおきました。 짐은 차로 옮겨 두었습니다.

단어

感動(かんどう)する 감동하다　ソウル 서울　住(す)む 살다　ビール 맥주　理由(りゆう) 이유
選(えら)ぶ 고르다　運(はこ)ぶ 옮기다

복습 문제

앞에서 학습한 문장입니다. 바로 일본어로 말해 볼까요?

1 오늘은 쉬고 있습니다.

2 그 책을 읽고 감동했습니다.

3 서울에 살고 있습니다.

4 조금 마셔 봤습니다.

5 어제 마신 맥주는 맛있었습니다.

6 친구를 불러 함께 갔습니다.

7 놀이공원에서 놀고 있습니다.

8 친구와 놀다 왔습니다.

9 이걸 고른 이유는 무엇입니까?

10 짐은 차로 옮겨 두었습니다.

도전 문제

주어진 문장을 활용해 다양한 문장 만들기에 도전해 보세요!

1 휴일을 즐기고 있습니다. • 휴일 休日(きゅうじつ) • 즐기다 楽しむ(たの)

2 자료는 읽어 봤어요?

3 잘 씹어서 먹습니다.

4 그걸 고른 건 당신입니다.

5 메시지를 읽었을 때, 눈물이 나왔습니다.

• メッセージ 메시지 • 涙(なみだ) 눈물 • 出る(で) 나오다

정답

복습 문제 1 今日(きょう)は休(やす)んでいます。 2 あの本(ほん)を読(よ)んで感動(かんどう)しました。 3 ソウルに住(す)んでいます。

4 ちょっと飲(の)んでみました。 5 きのう飲(の)んだビールはおいしかったです。

6 友達(ともだち)を呼(よ)んで一緒(いっしょ)に行(い)きました。 7 遊園地(ゆうえんち)で遊(あそ)んでいます。 8 友達(ともだち)と遊(あそ)んできました。

9 これを選(えら)んだ理由(りゆう)は何(なん)ですか。 10 荷物(にもつ)は車(くるま)で運(はこ)んでおきました。

도전 문제 1 休日(きゅうじつ)を楽(たの)しんでいます。 2 資料(しりょう)は読(よ)んでみましたか。 3 よく噛(か)んで食(た)べます。

4 それを選(えら)んだのはあなたです。 5 メッセージを読(よ)んだ時(とき)、涙(なみだ)が出(で)ました。

메일을 적어 보냈습니다

[동사로 말하기] く, ぐ로 끝나는 1그룹 동사: ~하고, ~해서, ~하며 / ~했다

패턴 꽉!

- メールを書(か)いて送(おく)りました。 메일을 적어 보냈습니다.
- メールを書(か)いた人(ひと)はだれですか。 메일을 쓴 사람은 누구입니까?
- 急(いそ)いで送(おく)ります。 서둘러 보내겠습니다.
- そんなに急(いそ)いだ理由(りゆう)は何(なん)ですか。 그렇게 서두른 이유는 무엇입니까?

단어 送(おく)る 보내다 理由(りゆう) 이유

해설

이번에는 1그룹 동사 중 'く, ぐ'로 끝나는 동사를 가지고 '~하고, ~해서, ~하며'와 '~했다(과거 보통형)'라는 문장을 말하는 연습을 해 봅시다. '~하고, ~해서, ~하며'는 어떤 동사든지 て형을 쓰고, '~했다'는 어떤 동사든지 た형을 쓰죠?

'く, ぐ'로 끝나는 동사를 가지고 て형을 만들 때는 'く, ぐ'를 각각 いて, いで로 바꾸면 되고, た형을 만들 때는 いた, いだ로 바꾸면 됩니다.

한 가지 꼭 기억할 것이 있어요. 行(い)く는 行いて가 아니라 行(い)って, 그리고 行いた가 아니라 行(い)った가 된다는 사실! 꼭 외워 두세요!

응용 문장

- 彼女(かのじょ)が泣(な)いていました。 그녀가 울고 있었습니다.
- 友達(ともだち)を招(まね)いて一緒(いっしょ)に遊(あそ)びました。 친구를 초대해서 함께 놀았습니다.
- 魚(さかな)を焼(や)いて食(た)べました。 생선을 구워서 먹었습니다.
- 絵(え)を描(か)いて見(み)せました。 그림을 그려서 보여줬습니다.
- あなたが描(か)いた絵(え)はどこにありますか。 당신이 그린 그림은 어디에 있습니까?
- 酒(さけ)を飲(の)んで騒(さわ)いでいます。 술을 마시고 소란을 피우고 있습니다.
- 服(ふく)を脱(ぬ)いでシャワーを浴(あ)びました。 옷을 벗고 샤워를 했습니다.
- 行(い)ってきます。 다녀오겠습니다.
- 日本(にほん)に行(い)って会(あ)ってきました。 일본에 가서 만나고 왔습니다.
- 吉野(よしの)さんも行(い)ったのですか。 요시노 씨도 갔던 겁니까?

단어

絵(え) 그림　描(か)く (그림을) 그리다　どこ 어디　騒(さわ)ぐ 소란 피우다
何(なん)のために 무엇을 위해서　稼(かせ)ぐ 벌다　服(ふく) 옷　脱(ぬ)ぐ 벗다

복습 문제

앞에서 학습한 문장입니다. 바로 일본어로 말해 볼까요?

1 그녀가 울고 있었습니다.

2 친구를 초대해서 함께 놀았습니다.

3 생선을 구워서 먹었습니다.

4 그림을 그려서 보여줬습니다.

5 당신이 그린 그림은 어디에 있습니까?

6 술을 마시고 소란을 피우고 있습니다.

7 옷을 벗고 샤워를 했습니다.

8 다녀오겠습니다.

9 일본에 가서 만나고 왔습니다.

10 요시노 씨도 갔던 겁니까?

도전 문제 주어진 문장을 활용해 다양한 문장 만들기에 도전해 보세요!

1 열심히 일하고 열심히 놀 겁니다.

2 친구를 초대해서 파티를 했습니다. • 파티 パーティー

3 많이 걷고 많이 뛰었습니다. • 뛰다 走る

4 가방은 여기 두고 화장실에 다녀왔습니다. • 화장실 トイレ

5 작가는 많이 쓰고 많이 읽는 사람입니다. • 작가 作家

정답

복습 문제 1 彼女が泣いていました。 2 友達を招いて一緒に遊びました。 3 魚を焼いて食べました。 4 絵を描いて見せました。 5 あなたが描いた絵はどこにありますか。 6 酒を飲んで騒いでいます。 7 服を脱いでシャワーを浴びました。 8 行ってきます。 9 日本に行って会ってきました。 10 吉野さんも行ったのですか。

도전 문제 1 一生懸命働いて一生命遊びます。 2 友達を招いてパーティーをしました。 3 たくさん歩いてたくさん走りました。 4 かばんはここに置いてトイレに行ってきました。 5 作家はたくさん書いてたくさん読む人です。

19 아침에 일어나 조깅을 했습니다

[동사로 말하기] 2그룹 동사: ~하고, ~해서, ~하며 / ~했다

패턴 꽉!

- 朝(あさ)起(お)きてジョギングをしました。
  아침에 일어나 조깅을 했습니다.

- 6時(ろくじ)に起(お)きた後(あと)、つい二度寝(にどね)をしてしまいました。
  6시에 일어난 뒤, 그만 다시 잠들었습니다.

- 体(からだ)にいい物(もの)を食(た)べて運動(うんどう)をします。
  몸에 좋은 것을 먹고 운동을 합니다.

- 夕(ゆう)ご飯(はん)を食(た)べた後(あと)、すぐ寝(ね)ました。
  저녁밥을 먹은 뒤, 바로 잤습니다.

단어
ジョギング 조깅 つい 그만, 자기도 모르게 二度寝(にどね) 일어났다가 다시 잠
体(からだ) 몸 運動(うんどう) 운동 物(もの) 것, 물건 夕(ゆう)ご飯(はん) 저녁밥

해설

익히기 쉬워서 반가운 2그룹 동사를 가지고 '~하고, ~해서, ~하며'와 '~했다'라는 문장을 말해 봅시다! 2그룹 동사는 る로 끝나죠? る 앞이 イ단인 동사와 る 앞이 エ단인 동사 두 가지가 있고요.

2그룹 동사는 て형과 た형을 만들기도 아주 쉬워요. る를 떼고, て와 た를 붙이기만 하면 되거든요. 어때요? 이 정도면 2그룹 동사만 자꾸 말하고 싶죠?

응용 문장

- 朝６時(あさろくじ)に起(お)きて、夜１１時(よるじゅういちじ)に寝(ね)ます。
  아침 6시에 일어나서, 밤 11시에 잡니다.
- 彼女(かのじょ)ができて幸(しあわ)せです。 여자친구가 생겨서 행복합니다.
- 映画(えいが)を見(み)てきました。 영화를 보고 왔습니다.
- 全部(ぜんぶ)見(み)た感想(かんそう)はどうですか。 다 본 소감은 어떻습니까?
- ちょっと食(た)べてみました。 조금 먹어 봤습니다.
- 早(はや)く寝(ね)て早(はや)く起(お)きます。 일찍 자고 일찍 일어납니다.
- ここに入(い)れておきます。 여기에 넣어 두겠습니다.
- 電話(でんわ)をかけています。 전화를 걸고 있습니다.
- これを覚(おぼ)えていますか。 이걸 기억하고 있습니까?
- いいえ、覚(おぼ)えていません。 아니요, 기억하고 있지 않습니다.

단어

夜(よる) 밤　幸(しあわ)せ 행복　感想(かんそう) 소감　入(い)れる 넣다　覚(おぼ)える 기억하다, 외우다

복습 문제

앞에서 학습한 문장입니다. 바로 일본어로 말해 볼까요?

1 아침 6시에 일어나서, 밤 11시에 잡니다.

2 여자친구가 생겨서 행복합니다.

3 영화를 보고 왔습니다.

4 다 본 소감은 어떻습니까?

5 조금 먹어 봤습니다.

6 일찍 자고 일찍 일어납니다.

7 여기에 넣어 두겠습니다.

8 전화를 걸고 있습니다.

9 이걸 기억하고 있습니까?

10 아니요, 기억하고 있지 않습니다.

도전 문제

주어진 문장을 활용해 다양한 문장 만들기에 도전해 보세요!

1 여러 문제가 일어나고 있습니다. • 여러, 다양한 いろんな

2 중학교에서 일본어를 가르치고 있습니다. • 가르치다 教(おし)える

3 많이 보고 많이 물었습니다. • 묻다 聞(き)く

4 11시에 잤다가 5시에 일어났습니다.

5 근처에 맛있는 라멘 가게가 생겨서 자주 갑니다. • 자주 よく

정답

복습 문제
1 朝6時(あさろくじ)に起(お)きて、夜11時(よるじゅういちじ)に寝(ね)ます。 2 彼女(かのじょ)ができて幸(しあわ)せです。
3 映画(えいが)を見(み)てきました。 4 全部見(ぜんぶみ)た感想(かんそう)はどうですか。 5 ちょっと食(た)べてみました。
6 早(はや)く寝(ね)て早(はや)く起(お)きます。 7 ここに入(い)れておきます。 8 電話(でんわ)をかけています。
9 これを覚(おぼ)えていますか。 10 いいえ、覚(おぼ)えていません。

도전 문제
1 いろんな問題(もんだい)が起(お)きています。 2 中学校(ちゅうがっこう)で日本語(にほんご)を教(おし)えています。
3 たくさん見(み)てたくさん聞(き)きました。 5 11時(じゅういちじ)に寝(ね)て5時(ごじ)に起(お)きました。
5 近所(きんじょ)においしいラーメン屋(や)さんができてよく行(い)きます。

확인하고 연락하겠습니다

[동사로 말하기] 3그룹 동사: ~하고, ~해서, ~하며 / ~했다

패턴 꽉!

- 確認(かくにん)して連絡(れんらく)します。 확인하고 연락하겠습니다.
- 確認(かくにん)した後(あと)、連絡(れんらく)します。 확인한 뒤, 연락하겠습니다.
- 今(いま)ここに来(き)ています。 지금 여기에 와 있습니다.
- ここまで来(き)たのは初(はじ)めてです。 여기까지 온 것은 처음입니다.

단어 確認(かくにん) 확인

해설

이번에는 일본어의 3그룹 동사로 '~하고, ~해서, ~하며'와 '~했다'라는 문장을 말해 봅시다. 3그룹 동사는 불규칙적으로 활용된다는 특징이 있는 동사였죠? する와 来(く)る 딱 두 개밖에 없었어요. 불규칙이니까 그대로 외우면 됩니다.

する의 て형은 して, 来(く)る의 て형은 来(き)て이고 する의 た형은 した, 来(く)る의 た형은 来(き)た입니다. 来(き)て와 来(き)た를 읽는 방법에 주의하셔야 합니다. 너무나도 자주 나오는 표현이니까 잊지 마세요!

응용 문장

- 心配(しんぱい)しています。 걱정하고 있습니다.
- 参加(さんか)してきました。 참가하고 왔습니다.
- 練習(れんしゅう)しています。 연습하고 있습니다.
- 合格(ごうかく)した後(あと)、また来(き)ます。 합격한 뒤, 다시 오겠습니다.
- 結婚(けっこん)したカップルがよく来(き)ます。 결혼한 커플이 자주 옵니다.
- 予約(よやく)した商品(しょうひん)はいつ届(とど)きますか。 예약한 상품은 언제 도착합니까?
- 今回(こんかい)初(はじ)めて来(き)てみました。 이번에 처음 와 봤습니다.
- よく来(き)て一緒(いっしょ)に遊(あそ)びます。 자주 와서 함께 놉니다.
- 来(き)て良(よ)かったですね。 오길 잘했네요.
- 友達(ともだち)と一緒(いっしょ)に来(き)たことを覚(おぼ)えています。 친구와 함께 온 것을 기억하고 있습니다.

단어

練習(れんしゅう) 연습　カップル 커플　予約(よやく) 예약　商品(しょうひん) 상품　今回(こんかい) 이번
良(よ)かった 잘 됐다, 다행이다

복습 문제

앞에서 학습한 문장입니다. 바로 일본어로 말해 볼까요?

1 걱정하고 있습니다.

2 참가하고 왔습니다.

3 연습하고 있습니다.

4 합격한 뒤, 다시 오겠습니다.

5 결혼한 커플이 자주 옵니다.

6 예약한 상품은 언제 도착합니까?

7 이번에 처음 와 봤습니다.

8 자주 와서 함께 놉니다.

9 오길 잘했네요.

10 친구와 함께 온 것을 기억하고 있습니다.

도전 문제

주어진 문장을 활용해 다양한 문장 만들기에 도전해 보세요!

1 전화해 보겠습니다.

2 전화해서 물어보겠습니다.

3 여기 와서 알았습니다.

4 친구가 일을 소개해 주었습니다. • 주다 くれる

5 얼마 전에 소개한 가게에는 가 봤습니까? • 얼마 전 この間 • 가게 店

정답

복습 문제 1 心配しています。 2 参加してきました。 3 練習しています。
4 合格した後、また来ます。 5 結婚したカップルがよく来ます。
6 予約した商品はいつ届きますか。 7 今回初めて来てみました。
8 よく来て一緒に遊びます。 9 来て良かったですね。
10 友達と一緒に来たことを覚えています。

도전 문제 1 電話してみます。 2 電話して聞いてみます。 3 ここに来て分かりました。
4 友達が仕事を紹介してくれました。 5 この間紹介した店には行ってみましたか。

잠깐 기다려 주세요

~해 주세요, ~하세요

패턴 꽉!

- ちょっと待(ま)ってください。 잠깐 기다려 주세요.
- 見(み)てください。 보세요.
- 集中(しゅうちゅう)してください。 집중하세요.
- 早(はや)く来(き)てください。 어서 와 주세요.

단어 ください 주세요　集中(しゅうちゅう)する 집중하다

해설

て형을 만드는 연습을 열심히 했으니까 이제 활용을 해 봅시다. 21과에서는 '~해 주세요, ~하세요'라는 표현을 연습해 보려고 해요. 일본어를 전혀 모르는 사람도 '잠깐만요, 잠깐만 기다려 주세요.'라는 의미의 'ちょっと待(ま)ってください'는 들어본 적이 있을 거예요. 이때 쓰인 '~てください'가 바로 '~해 주세요, ~하세요'에 해당하는 말이에요. て형을 만들 수 있으니 어떤 동사라도 대입할 수 있겠죠?

한 가지 더! くださいは 'くれる 주다'의 존댓말인 'くださる 주시다'에서 유래한 표현이에요. 그래서 ください만 단독으로 쓰면 '주세요'라는 말이 되지요. てください가 '~해 주세요'니까 이미 짐작하셨겠죠?

응용 문장

- これください。 이거 주세요.
- もう一度(いちど)会(あ)ってください。 한 번 더 만나 주세요.
- みなさん、集(あつ)まってください。 여러분, 모이세요.
- 一気(いっき)に飲(の)んでください。 단숨에 마셔요.
- ゆっくり休(やす)んでください。 느긋하게 쉬세요.
- タクシーを呼(よ)んでください。 택시를 불러 주세요.
- 名前(なまえ)を書(か)いてください。 이름을 쓰세요.
- 急(いそ)いでください。 서둘러 주세요.
- 体(からだ)にいい物(もの)を食(た)べてください。 몸에 좋은 걸 드세요.
- 7時(しちじ)には起(お)きてください。 7시에는 일어나세요.

단어

もう一度(いちど) 한 번 더　みなさん 여러분　一気(いっき)に 단숨에　ゆっくり 천천히, 느긋하게
名前(なまえ) 이름　体(からだ) 몸

복습 문제

앞에서 학습한 문장입니다. 바로 일본어로 말해 볼까요?

1 이거 주세요.

2 한 번 더 만나 주세요.

3 여러분, 모이세요.

4 단숨에 마셔요.

5 느긋하게 쉬세요.

6 택시를 불러 주세요.

7 이름을 쓰세요.

8 서둘러 주세요.

9 몸에 좋은 걸 드세요.

10 7시에는 일어나세요.

도전 문제

주어진 문장을 활용해 다양한 문장 만들기에 도전해 보세요!

1 자료를 전부 가지고 오세요.

2 이 중에서 고르세요. • 중, 안, 속 中

3 신문을 읽고 오세요.

4 서울역까지 가 주세요. • 서울역 ソウル駅

5 어서 와서 드세요.

정답

복습 문제 1 これください。 2 もう一度会ってください。 3 みなさん、集まってください。
4 一気に飲んでください。 5 ゆっくり休んでください。 6 タクシーを呼んでください。
7 名前を書いてください。 8 急いでください。 9 体にいい物を食べてください。
10 7時には起きてください。

도전 문제 1 資料を全部持ってきてください。 2 この中から選んでください。
3 新聞を読んできてください。 4 ソウル駅まで行ってください。 5 早く来て食べてください。

일이 끝나고 나서는 무엇을 합니까?

~하고 나서

패턴 콕!

- 仕事が終わってからは何をしますか。
  일이 끝나고 나서는 무엇을 합니까?

- これを見てから判断してください。
  이걸 보고 나서 판단해 주세요.

- 彼女と別れてからずっと後悔しています。
  그녀와 헤어지고 나서 줄곧 후회하고 있습니다.

- １１時まで勉強してから寝ます。
  11시까지 공부하고 나서 잡니다.

단어 判断する 판단하다　別れる 헤어지다　ずっと 계속, 줄곧　後悔する 후회하다

해설

て형의 활용을 하나 더 연습해 봅시다. 여기서는 '~하고 나서'라는 표현을 연습해 보려고 해요. 바로 '~てから'인데요. て형에 から를 붙여서 일의 전후 사정이 나타내죠. 이와 비슷한 표현으로는 '~た後, ~た後で'를 다룬 적이 있어요. '~한 뒤, ~한 뒤에'라는 표현이고 て형과 た형을 설명하면서 여러 번 예문을 연습한 바 있어요. 기억나시죠?

한 가지 주의할 점은 '~てから'를 말하려 하다가 '~たから'로 실수하면 절대 안 된다는 거예요. '~たから'가 되면 '~했기 때문에'라는 뜻으로 그 의미가 바뀌어버리기 때문이에요. 그런 부분에 조심하면서 연습해 봅시다!

응용 문장

- お風呂に入ってから寝ます。 목욕을 하고 나서 잡니다.
- 帰ってからゲームばかりしています。 돌아온 다음에는 게임만 하고 있습니다.
- まずはゆっくり休んでから考えます。 우선은 느긋하게 쉬고 나서 생각하겠습니다.
- 起きてから何も食べていません。 일어나고 나서 아무것도 먹지 않았습니다.
- もう少しテレビを見てから寝ます。 조금 더 TV를 보고 나서 자겠습니다.
- ヨガを始めてから半年になりました。 요가를 시작하고 나서 반년이 되었습니다.
- よく考えてから行動します。 잘 생각하고 나서 행동하겠습니다.
- 歯磨きをしてから寝てください。 양치질을 하고 나서 주무세요.
- 東京に来てから毎日泣いています。 도쿄에 오고 나서 매일 울고 있습니다.

단어

お風呂に入る 목욕을 하다　ばかり ~만　まず 우선　考える 생각하다
出かける 외출하다　ヨガ 요가　始める 시작하다　半年 반 년

복습 문제

앞에서 학습한 문장입니다. 바로 일본어로 말해 볼까요?

1 이걸 보고 나서 판단해 주세요.

2 목욕을 하고 나서 잡니다.

3 돌아온 다음에는 게임만 하고 있습니다.

4 우선은 느긋하게 쉬고 나서 생각하겠습니다.

5 일어나고 나서 아무것도 먹지 않았습니다.

6 조금 더 TV를 보고 나서 자겠습니다.

7 요가를 시작하고 나서 반년이 되었습니다.

8 잘 생각하고 나서 행동하겠습니다.

9 양치질을 하고 나서 주무세요.

10 도쿄에 오고 나서 매일 울고 있습니다.

도전 문제 주어진 문장을 활용해 다양한 문장 만들기에 도전해 보세요!

1 처음 만나고 나서 사귀기까지 사흘 걸렸습니다.

• 처음 만나다 出会(であ)う • 사귀다 付(つ)き合(あ)う • 사흘 三日(みっか) • 걸리다 かかる

2 가족과 상담하고 나서 결정하고 싶습니다. • 상담하다 相談(そうだん)する • 결정하다 決(き)める

3 집에 돌아오고 나서도 11시까지는 공부합니다.

4 한국에 돌아오고 나서 2주일이 지났습니다. • 2주일 2週間(にしゅうかん) • 지나다, 경과하다 経(た)つ

5 전화는 상대가 끊고 나서 끊는 것이 매너입니다. • 상대 相手(あいて) • 끊다 切(き)る • 매너 マナー

정답

복습 문제

1 これを見(み)てから判断(はんだん)してください。 2 お風呂(ふろ)に入(はい)ってから寝(ね)ます。
3 帰(かえ)ってからゲームばかりしています。 4 まずはゆっくり休(やす)んでから考(かんが)えます。
5 起(お)きてから何(なに)も食(た)べていません。 6 もう少(すこ)しテレビを見(み)てから寝(ね)ます。
7 ヨガを始(はじ)めてから半年(はんとし)になりました。 8 よく考(かんが)えてから行動(こうどう)します。
9 歯磨(はみが)きをしてから寝(ね)てください。 10 東京(とうきょう)に来(き)てから毎日(まいにち)泣(な)いています。

도전 문제

1 出会(であ)ってから付(つ)き合(あ)うまで3日(みっか)かかりました。 2 家族(かぞく)と相談(そうだん)してから決(き)めたいです。
3 家(いえ)に帰(かえ)ってからも11時(じゅういちじ)までは勉強(べんきょう)します。 4 韓国(かんこく)に帰(かえ)ってから2週間(にしゅうかん)が経(た)ちました。
5 電話(でんわ)は相手(あいて)が切(き)ってから切(き)るのがマナーです。

휴가를 원해요

~을 원해요 / ~해 주기를 원해요

패턴 꽉!

- 休暇(きゅうか)がほしいです。 휴가를 원해요.
- 休暇(きゅうか)がほしかったです。 휴가를 원했어요.
- 来(き)てほしいです。 와 주기를 원해요.
- 来(き)てほしかったです。 와 주기를 원했어요.

단어 休暇(きゅうか) 휴가

해설

'~을 원하다, 탐난다, 필요하다'라고 말할 때는 '명사 + が + ほしい'라는 표현을 써요. 이때 조사는 を가 아니라 が를 쓴다는 데 주의해야 합니다.

그리고 '~을 해 주기를 요망한다, 바란다, ~해 주었으면 좋겠다'라고 말할 때는 동사의 て형을 써서 '~てほしい'를 써요. 나 자신이 그렇게 하고 싶은 것이 아니라 남이 해주기를 바라는 바를 말할 때 쓰는 표현이지요. 우리말의 감각과는 달라서 처음에는 익숙하지 않겠지만, 연습하다 보면 정말 유용한 표현이랍니다.

ほしい도 다른 い형용사처럼 활용해요. 그러니까 반말은 'ほしい, ほしかった, ほしくない, ほしくなかった'가 되고, 존댓말은 'ほしいです, ほしかったです, ほしくないです, ほしくなかったです'가 되겠죠?

응용 문장

- 日本人(にほんじん)の友達(ともだち)がほしいです。 일본인 친구가 있으면 좋겠어요.
- ほしい物(もの)がありますか。 갖고 싶은 물건이 있습니까?
- 新(あたら)しいパソコンがほしいです。 새 PC를 갖고 싶어요.
- 何(なに)もほしくないです。 아무것도 갖고 싶지 않아요.
- もう少(すこ)し時間(じかん)がほしかったです。 조금 더 시간이 필요했어요.
- マイホームとマイカー、どっちがほしいですか。 내 집과 내 차, 어느 쪽을 갖고 싶어요?
- 見(み)てほしいです。 봐 주면 좋겠어요.
- うそはやめてほしいです。 거짓말은 그만하면 좋겠어요.
- はっきり言(い)ってほしかったです。 확실히 말해주기를 바랐어요.
- 私(わたし)の話(はなし)を聞(き)いてほしかったです。 내 이야기를 들어주기를 바랐어요.

단어

パソコン PC　マイホーム 내 집　マイカー 내 차

うそ 거짓말　やめる 그만두다　言(い)う 말하다

복습 문제

앞에서 학습한 문장입니다. 바로 일본어로 말해 볼까요?

1 일본인 친구가 있으면 좋겠어요.

2 갖고 싶은 물건이 있습니까?

3 새 PC를 갖고 싶어요.

4 아무것도 갖고 싶지 않아요.

5 조금 더 시간이 필요했어요.

6 내 집과 내 차, 어느 쪽을 갖고 싶어요?

7 봐 주면 좋겠어요.

8 거짓말은 그만하면 좋겠어요.

9 확실히 말해주기를 바랐어요.

10 내 이야기를 들어주기를 바랐어요.

도전 문제

주어진 문장을 활용해 다양한 문장 만들기에 도전해 보세요!

1 생맥주를 원해요.

2 이 중에서 가장 갖고 싶지 않은 것은 무엇입니까? • 가장, 제일 一番(いちばん)

3 가르쳐 주기를 바라는 내용이 있습니까? • 내용 内容(ないよう)

4 제 옆에 있어 주기를 바랐어요. • 옆 そば

5 무엇보다 돈이 필요해요. • 무엇보다 何(なに)より • 돈 お金(かね)

정답

복습 문제
1 日本人(にほんじん)の友達(ともだち)がほしいです。 2 ほしい物(もの)がありますか。
3 新(あたら)しいパソコンがほしいです。 4 何(なに)もほしくないです。
5 もう少(すこ)し時間(じかん)がほしかったです。 6 マイホームとマイカー、どっちがほしいですか。
7 見(み)てほしいです。 8 うそはやめてほしいです。 9 はっきり言(い)ってほしかったです。
10 私(わたし)の話(はなし)を聞(き)いてほしかったです。

도전 문제
1 生(なま)ビールがほしいです。 2 この中(なか)で一番(いちばん)ほしくない物(もの)は何(なん)ですか。
3 教(おし)えてほしい内容(ないよう)がありますか。 4 私(わたし)のそばにいてほしかったです。
5 何(なに)よりお金(かね)がほしいです。

일본에 간 적이 있습니다

~한 적이 있습니다

패턴 꽉!

- 日本(にほん)に行(い)ったことがあります。 일본에 간 적이 있습니다.
- あれ、読(よ)んだことあります。 그거, 읽은 적 있습니다.
- 聞(き)いたことありますか。 들어 본 적 있습니까?
- けんかで一度(いちど)も負(ま)けたことがありません。 싸움에서 한 번도 진 적이 없습니다.
- これ、見(み)たことありませんか。 이거, 본 적 없습니까?

단어 けんか 싸움　一度(いちど)も 한 번도　負(ま)ける 지다

해설

'~한 적이 있다', '~한 적이 없다'라고 과거의 경험을 말할 때는 '~たことがある, ~たことがない'라는 표현을 써요. 앞서 16~20과에서 동사의 과거형인 た형을 연습했죠? 바로 그 た형을 이용한 문형이에요. 존댓말로 할 때는 '~たことがあります, ~たことがありません'이라고 하면 되겠죠?

응용 문장

- 中国語(ちゅうごくご)を学(まな)んだことがあります。 중국어를 배운 적이 있습니다.
- キムチを作(つく)ったことがあります。 김치를 만든 적이 있습니다.
- あの人(ひと)に会(あ)ったことがあります。 그 사람을 만난 적이 있습니다.
- だれかを1時間以上(じかんいじょう)待(ま)ったこと、ありますか。 누군가를 1시간 이상 기다린 적, 있습니까?
- 北海道(ほっかいどう)には行(い)ったことがありません。 홋카이도에는 간 적이 없습니다.
- 後悔(こうかい)したことがありません。 후회한 적이 없습니다.
- 人(ひと)の名前(なまえ)を忘(わす)れたこと、ありませんか。 사람 이름을 잊은 적, 없습니까?
- 三枚肉(さんまいにく)を食(た)べたことがありませんか。 삼겹살을 먹은 적이 없습니까?
- 私(わたし)たち、一緒(いっしょ)に写真(しゃしん)を撮(と)ったことがありませんね。 우리, 함께 사진을 찍은 적이 없네요.

단어

中国語(ちゅうごくご) 중국어　学(まな)ぶ 배우다　キムチ 김치　北海道(ほっかいどう) 홋카이도　三枚肉(さんまいにく) 삼겹살
忘(わす)れる 잊다　写真(しゃしん)を撮(と)る 사진을 찍다

복습 문제

앞에서 학습한 문장입니다. 바로 일본어로 말해 볼까요?

1 이거, 본 적 없습니까?

2 중국어를 배운 적이 있습니다.

3 김치를 만든 적이 있습니다.

4 그 사람을 만난 적이 있습니다.

5 누군가를 1시간 이상 기다린 적, 있습니까?

6 홋카이도에는 간 적이 없습니다.

7 후회한 적이 없습니다.

8 사람 이름을 잊은 적, 없습니까?

9 삼겹살을 먹은 적이 없습니까?

10 우리, 함께 사진을 찍은 적이 없네요.

도전 문제

주어진 문장을 활용해 다양한 문장 만들기에 도전해 보세요!

1 일 하면서(일에서) 실패한 적이 있습니까? • 실패하다 失敗する

2 이건 사용해 본 적이 없습니다. • 사용하다 使う

3 프러포즈를 거절한 적이 있습니까? • 프러포즈 プロポーズ • 거절하다 断る

4 지금까지 한 번도 성실하게 공부한 적이 없어요.

5 자신에게 실망한 적이 있습니까? • 자신 自分 • 실망하다 がっかりする

정답

복습 문제

1 これ、見たことありませんか。 2 中国語を学んだことがあります。

3 キムチを作ったことがあります。 4 あの人に会ったことがあります。

5 だれかを1時間以上待ったこと、ありますか。 6 北海道には行ったことがありません。

7 後悔したことがありません。 8 人の名前を忘れたこと、ありませんか。

9 三枚肉を食べたことがありませんか。 10 私たち、一緒に写真を撮ったことがありませんね。

도전 문제

1 仕事で失敗したことがありますか。 2 これは使ったことがありません。

3 プロポーズを断ったことがありますか。

4 今までに一度もまじめに勉強したことがありません。

5 自分にがっかりしたことがありますか。

왔다 갔다 했습니다

~하다가 ~하다가 한다, ~하기도 하고 ~하기도 한다

패턴 콱!

- 行(い)ったり来(き)たりしました。 왔다 갔다 했습니다.
- みんなで歌(うた)ったり踊(おど)ったりしました。 다 같이 노래하다 춤추다 했습니다.
- 歩(ある)いたり走(はし)ったりしました。 걷다가 뛰다가 했습니다.
- 映画(えいが)を見(み)たり音楽(おんがく)を聴(き)いたりします。 영화를 보다가 음악을 듣다가 했습니다.
- 暑(あつ)かったり寒(さむ)かったりしますね。 더웠다 추웠다 하네요.

단어 みんなで 다 같이

해설

25과에서는 '~했다가 ~했다가, ~하기도 하고 ~하기도 하고'라는 표현을 연습해 보죠. '~たり~たり'라는 표현이에요. 흔히 잘못된 한글이라고 지적하는 '왔다리 갔다리 한다'라는 표현이 바로 이 일본어 표현을 그대로 옮긴 것이죠.

'~たり~たり'는 동사, 형용사의 과거형을 다 적용할 수 있는 재미있는 표현입니다. たり의 た가 바로 동사의 과거형인 た형인데, 예문에서 보다시피 동사 외에도 '추웠다 더웠다 한다'라는 문장에 い형용사의 과거형이 쓰였죠?

그리고 '~たり~たりする'처럼 'たり'를 두 번 연속해서 쓰기도 하지만 '~たりする'처럼 'たり'를 한 번만 써서 다른 비슷한 예가 있다는 것을 굳이 말하지 않고도 알리는 방법도 있어요. 다양하게 연습해 봅시다.

응용 문장

- 雨(あめ)が降(ふ)ったりやんだりしています。
  비가 내렸다 그쳤다 하고 있습니다.

- 電源(でんげん)が入(はい)ったり入(はい)らなかったりします。
  전원이 들어왔다 말았다 합니다.

- 使(つか)ったり使(つか)わなかったりします。 썼다 안 썼다 합니다.

- 週末(しゅうまつ)は買(か)い物(もの)をしたりカフェに行(い)ったりします。
  주말은 쇼핑을 하거나 카페에 가거나 합니다.

- 今日(きょう)は笑(わら)ったり泣(な)いたりしました。
  오늘은 웃다가 울다가 했습니다.

- 熱(ねつ)が上(あ)がったり下(さ)がったりしました。
  열이 올랐다 내렸다 했습니다.

- 薬(くすり)は、飲(の)んだり飲(の)まなかったりしてはいけません。
  약은 먹었다 안 먹었다 해서는 안 됩니다.

- うそをついたりしてはいけません。
  거짓말을 하거나 해서는 안 됩니다.

- 暇(ひま)な時(とき)は買(か)い物(もの)をしたりします。
  한가할 때는 쇼핑을 하거나 합니다.

단어

雨(あめ) 비　降(ふ)る (눈, 비가) 내리다　やむ 그치다, 멎다　電源(でんげん) 전원　笑(わら)う 웃다
熱(ねつ) 열　上(あ)がる 오르다　下(さ)がる 내리다　いけない 좋지 않다, 바람직하지 않다
うそをつく 거짓말을 하다

복습 문제

앞에서 학습한 문장입니다. 바로 일본어로 말해 볼까요?

1 왔다 갔다 했습니다.

2 비가 내렸다 그쳤다 하고 있습니다.

3 전원이 들어왔다 말았다 합니다.

4 썼다 안 썼다 합니다.

5 주말은 쇼핑을 하거나 카페에 가거나 합니다.

6 오늘은 웃다가 울다가 했습니다.

7 열이 올랐다 내렸다 했습니다.

8 약은 먹었다 안 먹었다 해서는 안 됩니다.

9 거짓말을 하거나 해서는 안 됩니다.

10 한가할 때는 쇼핑을 하거나 합니다.

도전 문제

주어진 문장을 활용해 다양한 문장 만들기에 도전해 보세요!

1 하루 종일 들락날락하고 있습니다. • 하루 종일 一日中(いちにちじゅう)

2 구두가 크거나 작거나 해서 발에 안 맞았습니다. • 구두 くつ • 발 足(あし) • 맞다 合(あ)う

3 하루 종일 누웠다 일어났다 했습니다. • 눕다 寝(ね)る

4 저는 별로 화를 내거나 하지 않습니다. • 화내다 怒(おこ)る

5 주말에는 청소를 하거나 빨래를 합니다. • 빨래를 하다 洗濯(せんたく)をする

정답

복습 문제

1 行(い)ったり来(き)たりしました。 2 雨(あめ)が降(ふ)ったりやんだりしています。

3 電源(でんげん)が入(はい)ったり入(はい)らなかったりします。 4 使(つか)ったり使(つか)わなかったりします。

5 週末(しゅうまつ)は買(か)い物(もの)をしたりカフェに行(い)ったりします。 6 今日(きょう)は笑(わら)ったり泣(な)いたりしました。

7 熱(ねつ)が上(あ)がったり下(さ)がったりしました。 8 薬(くすり)は、飲(の)んだり飲(の)まなかったりしてはいけません。

9 うそをついたりしてはいけません。 10 暇(ひま)な時(とき)は買(か)い物(もの)をしたりします。

도전 문제

1 一日中(いちにちじゅう)出(で)たり入(はい)ったりしています。

2 くつが大(おお)きかったり小(ちい)さかったりして足(あし)に合(あ)いませんでした。

3 一日中(いちにちじゅう)寝(ね)たり起(お)きたりしました。 4 私(わたし)はあまり怒(おこ)ったりしません。

5 週末(しゅうまつ)は掃除(そうじ)をしたり洗濯(せんたく)をしたりします。

기다리지 마세요

[동사로 말하기] 1그룹 동사: ~지 마세요, ~지 말아 주세요

패턴 꽉!

- 待(ま)たないでください。 기다리지 마세요.
- ここに座(すわ)らないでください。 여기 앉지 마세요.
- 人(ひと)の日記(にっき)を読(よ)まないでください。 남의 일기를 읽지 마세요.
- 叫(さけ)ばないでください。 소리치지 마세요.
- そんなの書(か)かないでください。 그런 거 쓰지 마세요.

단어 叫(さけ)ぶ 소리치다

해설

26과에서는 1그룹 동사로 '~하지 마세요'를 말하는 연습을 해 볼 텐데요. 그 전에 '~하지 않다'에 해당하는 ない형을 먼저 설명할게요. 1그룹 동사는 마지막 글자가 ウ단으로 끝나는데, (1) 'う, つ, る'로 끝나는 부류, (2) 'ぬ, む, ぶ'로 끝나는 부류, (3) 'く, ぐ'로 끝나는 부류가 있었죠? 1그룹 동사의 ない형은 모두 ウ단을 ア단으로 바꾼 뒤 ない만 붙이면 돼요. 그러면 '~하지 않다'라는 의미가 된답니다. 참고로 ない형은 い형용사와 같은 활용을 하게 됩니다.

'~하지 마세요'라는 말을 하려면 ない형에 ください를 붙여서 '~ないでください'라고 말하면 됩니다. 연습해 볼까요?

응용 문장

- ここで洗(あら)わないでください。 여기서 씻지 마세요.
- うるさいです。歌(うた)わないでください。 시끄러워요. 노래 부르지 마세요.
- 偏見(へんけん)を持(も)たないでください。 편견을 갖지 마세요.
- 無理(むり)してがんばらないでください。 무리해서 애쓰지 마세요.
- お酒(さけ)を飲(の)まないでください。 술 마시지 마세요.
- 価格(かかく)だけで選(えら)ばないでください。 가격만 보고 고르지 마세요.
- いちいち聞(き)かないでください。 일일이 묻지 마세요.
- 風邪(かぜ)をひかないでください。 감기 들지 마세요.
- お風呂(ふろ)では泳(およ)がないでください。 목욕탕에서는 헤엄치지 마세요.
- 騒(さわ)がないでください。 소란피우지 마세요.

단어

偏見(へんけん) 편견　無理(むり)する 무리하다　価格(かかく) 가격　だけ 만　いちいち 일일이
風邪(かぜ)をひく 감기 들다　泳(およ)ぐ 헤엄치다

복습 문제

앞에서 학습한 문장입니다. 바로 일본어로 말해 볼까요?

1 여기서 씻지 마세요.

2 노래 부르지 마세요.

3 편견을 갖지 마세요.

4 무리해서 애쓰지 마세요.

5 술 마시지 마세요.

6 가격만 보고 고르지 마세요.

7 일일이 묻지 마세요.

8 감기 들지 마세요.

9 목욕탕에서는 헤엄치지 마세요.

10 소란피우지 마세요.

도전 문제 주어진 문장을 활용해 다양한 문장 만들기에 도전해 보세요!

1 가지 마세요.

2 사진을 찍지 마세요.

3 스팸 메일을 보내지 마세요. • 스팸메일 スパムメール

4 가짜 상품은 사지 마세요. • 가짜 상품 偽物(にせもの)

5 좀 밀지 마세요! • 밀다 押(お)す

정답

복습 문제 1 ここで洗(あら)わないでください。 2 歌(うた)わないでください。 3 偏見(へんけん)を持(も)たないでください。
4 無理(むり)してがんばらないでください。 5 お酒(さけ)を飲(の)まないでください。
6 価格(かかく)だけで選(えら)ばないでください。 7 いちいち聞(き)かないでください。
8 風邪(かぜ)をひかないでください。 9 お風呂(ふろ)では泳(およ)がないでください。 10 騒(さわ)がないでください。

도전 문제 1 行(い)かないでください。 2 写真(しゃしん)を撮(と)らないでください。
3 スパムメールを送(おく)らないでください。 4 偽物(にせもの)は買(か)わないでください。
5 ちょっと押(お)さないでください！

보지 마세요

[동사로 말하기] 2, 3그룹 동사: ~지 마세요, ~지 말아 주세요

패턴 꽉!

- 見(み)ないでください。　보지 마세요.
- これ以上(いじょう)食(た)べないでください。　더 이상 먹지 마세요.
- 無理(むり)しないでください。　무리하지 마세요.
- 来(こ)ないでください。　오지 마세요.

단어　これ以上(いじょう) 이 이상, 더 이상

해설

27과에서는 2그룹 동사와 3그룹 동사로 '~하지 마세요'를 말하는 연습을 해 볼 텐데요. 여기서도 먼저 '~하지 않다'에 해당하는 ない형을 먼저 설명할게요. 언제나 활용이 쉬워 반가웠던 2그룹 동사는 이번에도 る만 떼고 ない를 붙이면 됩니다. 3그룹 동사는 しない, 来(こ)ない가 돼요. 이때 来ない를 읽는 방법은 こない가 된다는 것 꼭 기억하세요.

26과에서도 설명했다시피 ない형은 い형용사와 같은 활용을 하게 된다는 것 알아 두시면 나중에 다른 문형을 연습할 때 도움이 될 거예요.

'~하지 않다'를 만들고 나면 '~하지 마세요'라는 말을 하기는 쉽지요. 1그룹 동사와 마찬가지로 하려면 ない형에 くださいを 붙여서 '~ないでください'라고 말하면 되는 거죠. 연습해 볼까요?

응용 문장

- 信(しん)じないでください。 — 믿지 마세요.
- まだ降(お)りないでください。 — 아직 내리지 마세요.
- 明日(あした)まではシャワーを浴(あ)びないでください。 — 내일까지는 샤워하지 마세요.
- 外(そと)に出(で)ないでください。 — 밖에 나가지 마세요.
- 窓(まど)を開(あ)けないでください。 — 창문을 열지 마세요.
- やめないでください。 — 그만두지 마세요.
- 後悔(こうかい)しないでください。 — 후회하지 마세요.
- 誤解(ごかい)しないでください。 — 오해하지 마세요.
- もう来(こ)ないでください。 — 이제 오지 마세요.
- 近寄(ちかよ)って来(こ)ないでください。 — 다가오지 마세요.

단어

信(しん)じる 믿다　まだ 아직　降(お)りる 내리다　外(そと) 밖　窓(まど) 창문　開(あ)ける 열다
誤解(ごかい)する 오해하다　近寄(ちかよ)る 접근하다

복습 문제

앞에서 학습한 문장입니다. 바로 일본어로 말해 볼까요?

1 믿지 마세요.

2 아직 내리지 마세요.

3 내일까지는 샤워하지 마세요.

4 밖에 나가지 마세요.

5 창문을 열지 마세요.

6 그만두지 마세요.

7 후회하지 마세요.

8 오해하지 마세요.

9 이제 오지 마세요.

10 다가오지 마세요.

도전 문제

주어진 문장을 활용해 다양한 문장 만들기에 도전해 보세요!

1 버리지 마세요. • 버리다 捨(す)てる

2 지지 마세요. • 지다 負(ま)ける

3 바꾸지 마세요. • 바꾸다 替(か)える

4 아무에게도 알리지 마세요. • 알리다 知(し)らせる

5 도망가지 마세요. • 도망가다 逃(に)げる

정답

복습 문제 1 信(しん)じないでください。 2 まだ降(お)りないでください。
3 明日(あした)まではシャワーを浴(あ)びないでください。 4 外(そと)に出(で)ないでください。
5 窓(まど)を開(あ)けないでください。 6 やめないでください。 7 後悔(こうかい)しないでください。
8 誤解(ごかい)しないでください。 9 もう来(こ)ないでください。 10 近寄(ちかよ)って来(こ)ないでください。

도전 문제 1 捨(す)てないでください。 2 負(ま)けないでください。 3 替(か)えないでください。
4 だれにも知(し)らせないでください。 5 逃(に)げないでください。

오늘 만나도 됩니까?

[동사로 말하기] 1그룹 동사: ~도 된다, ~지 않아도 된다

패턴 꽉!

- 今日(きょう)会(あ)ってもいいですか。 오늘 만나도 됩니까?
- あの人(ひと)に会(あ)わなくてもいいですか。 그 사람 안 만나도 됩니까?
- 少(すこ)しくらいは飲(の)んでもいいです。 조금 정도는 마셔도 됩니다.
- 飲(の)まなくてもいいですよ。 마시지 않아도 됩니다.
- 名前(なまえ)は書(か)かなくてもいいです。 이름은 쓰지 않아도 됩니다.

단어 くらい 정도

해설

28과에서는 1그룹 동사로 '~해도 된다'와 '~하지 않아도 된다'를 말하는 연습을 해 보겠습니다. '해도 된다'에는 て형을 씁니다. う, つ, る로 끝나는 부류는 う, つ, る를 떼고 ってもいい를 붙이면 되고, ぬ, む, ぶ로 끝나는 부류는 ぬ, む, ぶ를 떼고 んでもいい를 붙이면 되며, く, ぐ로 끝나는 부류는 く, ぐ를 떼고 いてもいい와 いでもいい를 각각 붙이면 되겠죠.

'~하지 않아도 된다'에는 ない형을 이용합니다. ない형은 い형용사와 같은 활용을 한다고 설명한 바 있습니다. い형용사의 て형은 い를 떼고 くて로 바꾸고요. 그래서 なくてもいい라고 말하면 된답니다. 연습해 볼까요?

응용 문장

- ここで洗(あら)ってもいいです。 여기서 씻어도 됩니다.
- 勝(か)たなくてもいいです。 이기지 않아도 됩니다.
- 待(ま)たなくてもいいです。 기다리지 않아도 됩니다.
- 座(すわ)ってもいいですか。 앉아도 되겠습니까?
- がんばらなくてもいいです。 애쓰지 않아도 됩니다.
- 読(よ)んでもいいです。 읽어도 됩니다.
- 読(よ)まなくてもいいです。 읽지 않아도 됩니다.
- タクシーを呼(よ)んでいいですか。 택시를 불러도 되겠습니까?
- ちょっと聞(き)いてもいいですか。 잠깐 물어도 되겠습니까?
- 急(いそ)がなくてもいいです。 서두르지 않아도 됩니다.

단어

勝(か)つ 이기다

복습 문제

앞에서 학습한 문장입니다. 바로 일본어로 말해 볼까요?

1 여기서 씻어도 됩니다.

2 이기지 않아도 됩니다.

3 기다리지 않아도 됩니다.

4 앉아도 되겠습니까?

5 애쓰지 않아도 됩니다.

6 읽어도 됩니다.

7 읽지 않아도 됩니다.

8 택시를 불러도 되겠습니까?

9 잠깐 물어도 되겠습니까?

10 서두르지 않아도 됩니다.

도전 문제 주어진 문장을 활용해 다양한 문장 만들기에 도전해 보세요!

1 이제 돌아가도 되겠습니까?

____

2 가지 않아도 됩니다.

____

3 이대로 보내도 되겠습니까? • 이대로 このまま

____

4 더 이상 사지 않아도 됩니다.

____

5 들어가지 않아도 됩니다.

____

정답

복습 문제 1 ここで洗ってもいいです。 2 勝たなくてもいいです。 3 待たなくてもいいです。
4 座ってもいいですか。 5 がんばらなくてもいいです。 6 読んでもいいです。
7 読まなくてもいいです。 8 タクシーを呼んでいいですか。
9 ちょっと聞いてもいいですか。 10 急がなくてもいいです。

도전 문제 1 もう帰ってもいいですか。 2 行かなくてもいいです。
3 このまま送ってもいいですか。 4 これ以上買わなくてもいいです。
5 入らなくてもいいです。

이거, 먹어도 되나요?

[동사로 말하기] 2, 3그룹 동사: ~도 된다, ~지 않아도 된다

패턴 꽉!

- これ、食(た)べてもいいですか。 이거, 먹어도 되나요?
- 調(しら)べなくてもいいですか。 조사하지 않아도 됩니까?
- 連絡(れんらく)してもいいですか。 연락해도 되겠습니까?
- あなたは来(こ)なくてもいいです。 당신은 오지 않아도 됩니다.

단어 調(しら)べる 조사하다

해설

29과에서는 2그룹 동사와 3그룹 동사로 '~해도 된다'와 '~하지 않아도 된다'를 말하는 연습을 해 보겠습니다. '해도 된다'에는 て형을 쓰죠. 2그룹 동사는 る를 떼고 てもいい를 붙이면 되겠네요. 3그룹 동사는 してもいい, 来(き)てもいい가 되고요. 이때 来ても를 읽는 방법은 きても가 되는 것 꼭 주의하세요.

'~하지 않아도 된다'에는 ない형을 이용합니다. 2그룹 동사는 る를 떼고 なくてもいい를 붙이면 되고요, 3그룹 동사는 しなくてもいい, 来(こ)なくてもいい가 됩니다. 来なくても를 읽는 방법이 こなくても가 된다는 것 주의하세요!

응용 문장

- 信(しん)じてもいいですか。 믿어도 되겠습니까?
- 信(しん)じなくてもいいです。 믿지 않아도 됩니다.
- 早(はや)く起(お)きなくてもいいです。 일찍 일어나지 않아도 됩니다.
- 外(そと)に出(で)てもいいです。 밖에 나가도 됩니다.
- 窓(まど)を開(あ)けてもいいです。 창문을 열어도 됩니다.
- 窓(まど)は開(あ)けなくてもいいです。 창문은 열지 않아도 됩니다.
- ここでやめてもいいです。 여기서 그만둬도 됩니다.
- 全部(ぜんぶ)紹介(しょうかい)してもいいですか。 전부 소개해도 되겠습니까?
- 連(つ)れて来(こ)なくていいです。 데리고 오지 않아도 됩니다.
- 一緒(いっしょ)に来(こ)なくてもいいです。 함께 오지 않아도 됩니다.

단어

紹介(しょうかい)する 소개하다　連(つ)れる 동반하다

복습 문제

앞에서 학습한 문장입니다. 바로 일본어로 말해 볼까요?

1 믿어도 되겠습니까?

2 믿지 않아도 됩니다.

3 일찍 일어나지 않아도 됩니다.

4 밖에 나가도 됩니다.

5 창문을 열어도 됩니다.

6 창문은 열지 않아도 됩니다.

7 여기서 그만둬도 됩니다.

8 전부 소개해도 되겠습니까?

9 데리고 오지 않아도 됩니다.

10 함께 오지 않아도 됩니다.

도전 문제

주어진 문장을 활용해 다양한 문장 만들기에 도전해 보세요!

1 버려도 되겠습니까?

2 대답하지 않아도 됩니까? • 대답하다 答(こた)える

3 이건 외우지 않아도 됩니다.

4 보고하지 않아도 됩니다. • 보고하다 報告(ほうこく)する

5 잊어도 됩니다.

정답

복습 문제 1 信(しん)じてもいいですか。 2 信(しん)じなくてもいいです。 3 早(はや)く起(お)きなくてもいいです。
4 外(そと)に出(で)てもいいです。 5 窓(まど)を開(あ)けてもいいです。 6 窓(まど)は開(あ)けなくてもいいです。
7 ここでやめてもいいです。 8 全部紹介(ぜんぶしょうかい)してもいいですか。
9 連(つ)れて来(こ)なくていいです。 10 一緒(いっしょ)に来(こ)なくてもいいです。

도전 문제 1 捨(す)ててもいいですか。 2 答(こた)えなくてもいいですか。 3 これは覚(おぼ)えなくてもいいです。
4 報告(ほうこく)しなくてもいいです。 5 忘(わす)れてもいいです。

정리해 볼까요?

1. 동사의 구분과 ます형, て형, た형, ない형을 대표 동사들만 가지고 정리해 봐요.

	대표 동사	ます형	て형	た형	ない형
1그룹	あ 会う 만나다	あ 会います	あ 会って	あ 会った	あ 会わない
	ま 待つ 기다리다	ま 待ちます	ま 待って	ま 待った	ま 待たない
	つく 作る 만들다	つく 作ります	つく 作って	つく 作った	つく 作らない
	し 死ぬ 죽다	し 死にます	し 死んで	し 死んだ	し 死なない
	の 飲む 마시다	の 飲みます	の 飲んで	の 飲んだ	の 飲まない
	よ 呼ぶ 부르다	よ 呼びます	よ 呼んで	よ 呼んだ	よ 呼ばない
	か 書く 쓰다	か 書きます	か 書いて	か 書いた	か 書かない
	いそ 急ぐ 서두르다	いそ 急ぎます	いそ 急いで	いそ 急いだ	いそ 急がない
2그룹	お 起きる 일어나다	お 起きます	お 起きて	お 起きた	お 起きない
	た 食べる 먹다	た 食べます	た 食べて	た 食べた	た 食べない
3그룹	する 하다	します	して	した	しない
	く 来る 오다	き 来ます	き 来て	き 来た	こ 来ない

2. 30과에 등장하는 가족의 호칭을 미리 정리해 볼까요?

	자신의 가족을 남에게 소개할 때	남의 가족을 가리킬 때
할아버지	祖父(そふ)	お祖父(じい)さん
할머니	祖母(そぼ)	お祖母(ばあ)さん
아버지	父(ちち)	お父(とう)さん
어머니	母(はは)	お母(かあ)さん
남편	主人(しゅじん)、夫(おっと)	旦那(だんな)さん
아내	妻(つま)、家内(かない)	奥(おく)さん
자녀	子供(こども)	お子(こ)さん
형, 오빠	兄(あに)	お兄(にい)さん
누나, 언니	姉(あね)	お姉(ねえ)さん
남동생	弟(おとうと)	弟(おとうと)さん
여동생	妹(いもうと)	妹(いもうと)さん

30 어디 있어요?

있습니다 (사람 / 사물)

패턴 꽉!

- 兄(あに)が一人(ひとり)います。 형이 한 명 있습니다.
- どこにいますか。 어디 계세요?
- まだオフィスにいます。 아직 사무실에 있습니다.

- 公園(こうえん)はどこにありますか。 공원은 어디 있습니까?
- 学校(がっこう)の隣(となり)にあります。 학교 옆에 있습니다.
- バス停(てい)はコンビニの前(まえ)にあります。 버스 정류장은 편의점 앞에 있습니다.

단어 兄(あに) (자신의) 형　公園(こうえん) 공원　隣(となり) 옆　バス停(てい) 버스 정류장　コンビニ 편의점　前(まえ) 앞

해설

'있다'라는 표현이 일본어에는 두 가지가 있습니다. いる와 ある가 그것인데요, 기본적으로 いる는 생물에, ある는 무생물에 쓴다고 생각하면 되겠습니다.

부정, 과거도 알아보고 싶죠? 생물의 경우 반말부터 보면 'いる, いない, いた, いなかった'가 되고 존댓말은 'います, いません, いました, いませんでした'가 됩니다. 또 무생물의 경우 반말은 'ある, ない, あった, なかった'가 되고 존댓말은 'あります, ありません, ありました, ありませんでした'가 되겠습니다.

또 일본어는 사람을 지칭할 때 가족, 자기 회사 사람 등 자기 쪽 사람을 남에게 이야기할 때는 존칭을 붙이지 않습니다. 그 부분도 이전 페이지의 별도 정리된 표를 참고하세요.

응용 문장

- 小玉(こだま)さんにはお姉(ねえ)さんがいますか。
  고다마 씨에게는 누나(언니)가 계십니까?
- 姉(あね)が二人(ふたり)います。
  누나(언니)가 두 명 있습니다.
- 今(いま)、家(いえ)にはだれもいません。
  지금 집에는 아무도 없습니다.
- 兄弟(きょうだい)がいますか。
  형제가 있습니까?
- どこにいましたか。
  어디에 계셨습니까?
- 猫(ねこ)はテーブルの下(した)にいます。
  고양이는 테이블 아래에 있습니다.
- 本(ほん)はテーブルの上(うえ)にあります。
  책은 테이블 위에 있습니다.
- 京都(きょうと)には旅館(りょかん)がたくさんあります。
  교토에는 료칸이 많이 있습니다.
- 箱(はこ)の中(なか)にありませんか。
  상자 안에 없습니까?
- ちょっと問題(もんだい)があります。
  약간 문제가 있습니다.

단어

お姉(ねえ)さん (남의) 언니, 누나　二人(ふたり) 두 명　姉(あね) (자신의) 언니, 누나
兄弟(きょうだい) 형제　猫(ねこ) 고양이　下(した) 아래　上(うえ) 위　京都(きょうと) 교토
旅館(りょかん) (일본 전통 숙박시설) 료칸　箱(はこ) 상자

복습 문제

앞에서 학습한 문장입니다. 바로 일본어로 말해 볼까요?

1 고다마 씨에게는 누나(언니)가 계십니까?

2 누나(언니)가 두 명 있습니다.

3 지금 집에는 아무도 없습니다.

4 형제가 있습니까?

5 어디에 계셨습니까?

6 고양이는 테이블 아래에 있습니다.

7 책은 테이블 위에 있습니다.

8 교토에는 료칸이 많이 있습니다.

9 상자 안에 없습니까?

10 약간 문제가 있습니다.

도전 문제

주어진 문장을 활용해 다양한 문장 만들기에 도전해 보세요!

1 질문이 있습니다만……. • 질문 質問(しつもん)

2 집에 고양이 한 마리와 개 한 마리가 있습니다. • 개 犬(いぬ) • 한 마리 一匹(いっぴき)

3 베란다에 매미가 있어요. • 베란다 ベランダ • 매미 セミ

4 냉장고 안에 사과가 있습니다. • 냉장고 冷蔵庫(れいぞうこ) • 사과 りんご

5 상냥한 남편과 귀여운 아들이 있어서 행복합니다. • 남편 夫(おっと) • 아들 息子(むすこ)

정답

복습 문제

1 小玉(こだま)さんにはお姉(ねえ)さんがいますか。 2 姉(あね)が二人(ふたり)います。 3 今(いま)、家(いえ)にはだれもいません。

4 兄弟(きょうだい)がいますか。 5 どこにいましたか。 6 猫(ねこ)はテーブルの下(した)にいます。

7 本(ほん)はテーブルの上(うえ)にあります。 8 京都(きょうと)には旅館(りょかん)がたくさんあります。

9 箱(はこ)の中(なか)にありませんか。 10 ちょっと問題(もんだい)があります。

도전 문제

1 質問(しつもん)がありますけど……。 2 家(いえ)に猫(ねこ)が一匹(いっぴき)と犬(いぬ)が一匹(いっぴき)います。

3 ベランダにセミがいます。 4 冷蔵庫(れいぞうこ)の中(なか)にりんごがあります。

5 やさしい夫(おっと)とかわいい息子(むすこ)がいて、幸(しあわ)せです。

02장

왕초보 학습자도 이런 말을 할 수 있다!

회화편

31 안녕하세요?

인사말 (1)

패턴 꽉!

- おはようございます。 안녕하세요? (아침 인사)
- こんにちは。 안녕하세요? (낮 인사)
- こんばんは。 안녕하세요? (저녁 인사)
- おやすみなさい。 안녕히 주무세요. 쉬세요. (밤 인사)

- ありがとうございます。 고맙습니다.
- ありがとうございました。 고마웠어요.
- いいえ、どういたしまして。 아니요, 무슨 말씀을요.

해설

일본어로 인사말을 연습해 볼까요? 일본인들의 특징 중 하나가 인사말을 꼭 챙긴다는 것, 꼭 말로 직접 전한다는 것인데요. 그런 만큼 상황에 잘 어울리는 인사말을 적절히 구사할 수 있다면 의사소통에 큰 도움이 되겠죠?

한 가지 위 예문에서 주의해야 할 점은 'ありがとうございます'와 'ありがとうございました'의 구분인데요. 한국인들이 가장 헷갈린다고 하는 인사말이죠. 'ありがとうございます'는 지금 당장 무언가 고마운 상황에 처했을 때, 즉 누군가가 자신을 위해 자리를 양보해 준다거나 문을 대신 열어준다거나 선물을 주는 상황에서 씁니다. 그에 비해 'ありがとうございました'는 예전, 또는 조금 전에 자신에게 고맙게 해준 일에 대해서 감사의 표현을 하는 말입니다. 예를 들면 '지난번에 고마웠어요' 하는 말, '자리 양보해 주신 거 감사합니다. 덕분에 편하게 잘 앉았다 갑니다'라는 의미로 인사할 때, "사진 좀 찍어 주실래요?"라는 부탁에 상대가 사진을 찍어주고 난 다음(이때 우리말로는 그냥 현재형으로 고맙다는 인사를 하죠), 하루 잘 대접받고 헤어지면서 오늘 고마웠다고 인사할 때(이때도 우리말은 현재형으로 고맙다고 해요) 등의 상황입니다.

이제 구분해서 쓸 수 있겠죠? 자, 그럼 여러 가지 인사말을 소개할게요.

문장 패턴

- はじめまして。 처음 뵙겠습니다.
- よろしくお願(ねが)いします。 잘 부탁드리겠습니다.
- こちらこそよろしくお願(ねが)いします。 저야말로 잘 부탁드리겠습니다.
- よくいらっしゃいました。 잘 오셨습니다.
- さようなら。 안녕히 가세요(안녕히 계세요).
- お元気(げんき)で。 건강하게 지내세요.
- じゃ、また。 그럼 또…….
- お大事(だいじ)に。 몸조리 잘하세요.
- おめでとうございます。 축하합니다.
- どうぞ、お先(さき)に。 먼저 하세요.
- すみません。 실례합니다, 미안합니다, 잠깐만요, 여보세요, 감사합니다 등

단어

いらっしゃる 계시다, 오시다, 가시다(いる, 行く, 来るの 존댓말)

大事(だいじ) 소중함　どうぞ 아무쪼록, 부디　先(さき) 앞, 먼저

복습 문제

앞에서 학습한 문장입니다. 바로 일본어로 말해 볼까요?

1 처음 뵙겠습니다.

2 잘 부탁드리겠습니다.

3 저야말로 잘 부탁드리겠습니다.

4 잘 오셨습니다.

5 안녕히 가세요(안녕히 계세요).

6 건강하게 지내세요.

7 그럼 또…….

8 몸조리 잘하세요.

9 축하합니다.

10 먼저 하세요.

도전 문제

주어진 문장을 활용해 다양한 문장 만들기에 도전해 보세요!

1 오늘은 즐거웠습니다. • 즐겁다 楽しい

2 당신과 이야기를 할 수 있어서 좋았습니다. • 이야기를 할 수 있다 話ができる

3 좋은 아침입니다. 오늘도 쌀쌀하네요. • 차갑게 느껴지다 冷える

4 다친 건 괜찮으세요? 몸조리 잘하세요. • 부상 けが • 괜찮음 大丈夫

5 생일 축하합니다. 앞으로도 잘 부탁합니다. • 생일 お誕生日 • 앞으로도 これからも

정답

복습 문제 1 はじめまして。 2 よろしくお願いします。 3 こちらこそよろしくお願いします。
4 よくいらっしゃいました。 5 さようなら。 6 お元気で。 7 じゃ、また。
8 お大事に。 9 おめでとうございます。 10 どうぞ、お先に。

도전 문제 1 今日は楽しかったです。 2 あなたと話ができて良かったです。
3 おはようございます。今日も冷えますね。
4 けがは大丈夫ですか。お大事になさってください。
5 お誕生日おめでとうございます。これからもよろしくお願いします。

실례합니다

인사말 (2)

패턴 꽉!

- おじゃまします。 실례하겠습니다. (남의 공간을 방문하거나 방해를 할 때)
- おじゃましました。 실례했습니다. (그 공간을 나올 때)
- 失礼(しつれい)します。 실례합니다. (상대의 양해를 구해야 하는 행동 전)
- 失礼(しつれい)しました。 실례했습니다. (그 행동이 끝난 뒤)
- お先(さき)に失礼(しつれい)します。 먼저 가 보겠습니다.
- では、失礼(しつれい)します。 그럼, 가 보겠습니다.

단어 じゃま 방해　失礼(しつれい) 실례

해설

인사말 연습 두 번째 시간이네요. 이번 과에서는 한국인들이 주의해야 하는 인사말을 소개합니다.

우선 'おじゃまします, おじゃましました'는 남의 집에 들어가거나 남의 공간에 들어가서 방해가 될 때 사용해요. 우리는 그냥 '실례~'로 쓰지만요. 응용문장에 등장하는 예문 중에 조심할 부분이 있는데, 바로 'お疲(つか)れさま'와 'ご苦労(くろう)さま'예요. 둘 다 우리말로는 '수고하다'라는 말로 바꾸지만, 이 둘은 차이가 있습니다. 'お疲(つか)れさま'는 아랫사람이 윗사람에게, 'ご苦労(くろう)さま'는 윗사람이 아랫사람에 쓴다는 거죠.

또 하나! 아침에 출근해서 처음 인사를 나눌 때는 'おはようございます'를 쓰겠지만, 그 이후 같은 사람과 몇 번이고 스쳐 지나갈 때 어색한 경우 있죠? 그때 'お疲(つか)れさまです'와 'ご苦労(くろう)さまです'를 상대에게 건네 보세요. 훨씬 분위기가 부드러워질 거예요. 물론 자꾸자꾸 부딪힐 때는 가벼운 목례 정도가 좋겠죠.

문장 패턴

- A: お久(ひさ)しぶりです。お変(か)わりありませんか。 오랜만이에요. 별일 없어요?

  B: はい、おかげさまで。 네, 덕분에요.

- A: 行(い)ってきます。 다녀오겠습니다.

  B: 行(い)ってらっしゃい。 다녀오세요.

- A: ただいま。 다녀왔습니다.

  B: お帰(かえ)りなさい。 어서 오세요.

- お疲(つか)れさまです。 수고하십니다. (윗사람에게)
- お疲(つか)れさまでした。 수고하셨습니다. (윗사람에게)
- ご苦労(くろう)さまです。 수고하네요. (아랫사람에게)
- ご苦労(くろう)さまでした。 수고했어요. (아랫사람에게)

단어

久(ひさ)しぶり 오래간만　変(か)わり 다름, 별고　おかげ 덕분

복습 문제

앞에서 학습한 문장입니다. 바로 일본어로 말해 볼까요?

1 실례하겠습니다. (남의 공간에 들어가거나 방해를 할 때)

2 먼저 가 보겠습니다.

3 오랜만이에요.

4 별일 없어요?

5 다녀오겠습니다.

6 다녀오세요.

7 다녀왔습니다.

8 어서 오세요.

9 수고하십니다. (윗사람에게)

10 수고하셨습니다. (윗사람에게)

도전 문제

주어진 문장을 활용해 다양한 문장 만들기에 도전해 보세요!

1 요즘 어때요? • 요즘 最近(さいきん)

2 그저 그래요(그럭저럭 좋아요). • 그럭저럭 まあまあ

3 (몇 번이나 마주칠 때) 자꾸 보네요. • 몇 번이나 何回(なんかい)も

4 오랜만이에요. 요새 어때요?

5 (먼저 퇴근하기 미안할 때) 뭐 거들 거 있습니까? • 뭔가 何(なに)か • 거들다 手伝(てつだ)う

정답

복습 문제 1 おじゃまします。 2 お先(さき)に失礼(しつれい)します。 3 お久(ひさ)しぶりです。
4 お変(か)わりありませんか。 5 行(い)ってきます。 6 行(い)ってらっしゃい。 7 ただいま。
8 お帰(かえ)りなさい。 9 お疲(つか)れさまです。 10 お疲(つか)れさまでした。

도전 문제 1 最近(さいきん)、どうですか。 2 まあまあです。 3 何回(なんかい)も会(あ)いますね。
4 お久(ひさ)しぶりです。最近(さいきん)どうですか。 5 何(なに)か手伝(てつだ)うことありますか。

33 감사합니다

감사 인사 하기

패턴 꽉!

- ありがとう。 고마워.
- どうもありがとうございます。 대단히 감사합니다.
- 本当(ほんとう)にありがとうございます。 정말 감사합니다.
- 今日(きょう)はありがとうございました。 오늘은 고마웠습니다.
- 来(き)てくださってありがとうございました。 와 주셔서 감사했습니다.

단어 どうも 참으로(이 자체로 감사, 사과 인사를 대신하기도 함)

해설

감사하는 마음은 표현하면 할수록 흐뭇해지죠? 이번 과에서는 고맙다는 인사를 연습해 보죠.

일본어를 잘 모르는 사람도 'ありがとう'가 '고맙다'라는 뜻이라는 사실은 알고 있을 거예요. 그런데 이 말은 아주 친한 사이나 존댓말을 쓸 필요가 없는 관계에서 쓰는 표현이에요. 따라서 존댓말을 해야 하는 경우에는 'ありがとうございます, ありがとうございました'를 끝까지 말해야 한답니다. 좋은 의미로 던진 인사말이 무례하게 비치면 안 되겠죠? 주의합시다.

'ありがとうございます, ありがとうございました'가 존댓말이라면 이유를 붙일 때도 존댓말이 들어가야 되죠. '~해 주셔서 고맙습니다'의 '~해 주셔서'라는 부분입니다. '~해 주다'가 '~してくれる'인데 그 존댓말이 '~してくださる'이니까 '해 주셔서 고맙습니다'는 '~してくださってありがとうございます'라고 해야 되겠지요?

문장 패턴

- お忙(いそが)しいところありがとうございます。
  바쁘신 와중에 감사합니다.
- お手伝(てつだ)い、ありがとうございました。
  도와주셔서 고마웠습니다.
- プレゼント、ありがとうございました。
  선물, 감사했습니다.
- おかげさまで助(たす)かりました。 덕분에 살았습니다.
- 全部(ぜんぶ)、藤原(ふじわら)さんのおかげです。 전부 후지와라 씨 덕분입니다.
- 借(か)りができました。 빚이 생겼네요.
- 感謝(かんしゃ)しています。 감사드리고 있습니다.
- どういたしまして。 뭘요.
- 気(き)にしなくてもいいですよ。 마음에 두지 않아도 돼요.

단어

手伝(てつだ)い 거들어 줌　プレゼント 선물　助(たす)かる (부담이 덜어져) 도움이 되다
借(か)り 빚　感謝(かんしゃ)する 감사하다　気(き)にする 마음에 두다

복습 문제

앞에서 학습한 문장입니다. 바로 일본어로 말해 볼까요?

1 와 주셔서 감사했습니다.

2 바쁘신 와중에 감사합니다.

3 도와주셔서 고마웠습니다.

4 선물, 감사했습니다.

5 덕분에 살았습니다.

6 전부 후지와라 씨 덕분입니다.

7 빚이 생겼네요.

8 감사드리고 있습니다.

9 뭘요.

10 마음에 두지 않아도 돼요.

도전 문제

주어진 문장을 활용해 다양한 문장 만들기에 도전해 보세요!

1 들어 주셔서 감사합니다.

2 하나부터 열까지 고맙습니다. • 하나부터 열까지 何(なに)から何(なに)まで

3 진심으로 감사드립니다. • 진심으로 心(こころ)から

4 오늘 밤 저녁 식사, 정말 감사했습니다. • 오늘 밤 今夜(こんや) • 저녁 식사 夕食(ゆうしょく)

5 불러 주셔서 감사했습니다. • 불러주다, 권하다 誘(さそ)う

정답

복습 문제 1 来(き)てくださってありがとうございました。 2 お忙(いそが)しいところありがとうございます。 3 お手伝(てつだ)い、ありがとうございました。 4 プレゼント、ありがとうございました。 5 おかげさまで助(たす)かりました。 6 全部(ぜんぶ)、藤原(ふじわら)さんのおかげです。 7 借(か)りができました。 8 感謝(かんしゃ)しています。 9 どういたしまして。 10 気(き)にしなくてもいいですよ。

도전 문제 1 聞(き)いてくださってありがとうございます。 2 何(なに)から何(なに)までありがとうございます。 3 心(こころ)から感謝(かんしゃ)します。 4 今夜(こんや)の夕食(ゆうしょく)、本当(ほんとう)にありがとうございました。 5 誘(さそ)ってくださってありがとうございました。

34 실례지만……

양해 구하기

패턴 꽉!

- 失礼(しつれい)ですが……。 실례지만…….
- 失礼(しつれい)ですが、もう一度(いちど)お願(ねが)いします。 실례지만, 다시 한번 부탁합니다.
- 失礼(しつれい)します。 실례하겠습니다.
- ちょっと失礼(しつれい)します。 잠시 실례하겠습니다.
- そろそろ失礼(しつれい)します。 슬슬 실례하겠습니다(돌아가겠습니다).

단어 ですが 입니다만

해설

상대의 양해를 구할 때 아주 요긴한 표현이 바로 '失礼(しつれい)ですが'와 '失礼(しつれい)します'예요. 물론 일본어에는 이 표현 말고도 상대의 양해를 구하기 위한 표현이 많이 있지만, 가장 간단하고 우리 말과도 비슷한 표현으로 이 말을 연습해 보도록 하지요.

먼저 '失礼(しつれい)ですが'는 양해를 구하는 말을 하기 전에 미리 상대에게 예고해 주기 때문에 쿠션 같은 역할을 해 줘요. 용법은 우리말과 크게 차이가 없고요.

그런데 '失礼(しつれい)します'는 특히 주목할 점이 있어요. 우리말에서 말없이 행동하거나 그저 목례로 끝내는 경우, 딱히 '실례'라는 표현을 쓰지 않는 경우에도 일본어에서는 꼭꼭 챙겨서 말한다는 거예요. 일본어가 마음을 말로 잘 표현하는 언어라는 것을 알 수 있겠죠?

문장 패턴

- 失礼(しつれい)ですが、吉野(よしの)さんですか。 실례지만, 요시노 씨인가요?
- 失礼(しつれい)ですが、お名前(なまえ)は。 실례지만, 성함은?
- 失礼(しつれい)ですが、お名前(なまえ)を聞(き)いてもいいですか。 실례지만, 성함을 물어도 될까요?
- 失礼(しつれい)ですが、席(せき)を間違(まちが)えていませんか。 실례지만, 자리를 잘못 앉지 않았나요?
- 失礼(しつれい)ですが、電話番号(でんわばんごう)を教(おし)えてくださいますか。 실례지만, 전화번호를 가르쳐 주시겠어요?
- ちょっと失礼(しつれい)します。電話(でんわ)してきます。 잠깐 실례할게요. 전화하고 오겠습니다.
- すみません。前(まえ)を失礼(しつれい)します。 죄송합니다. 앞에 지나갈게요.
- 星野(ほしの)です。失礼(しつれい)します。 호시노예요. 들어가겠습니다.
- ペン、ちょっと失礼(しつれい)します。 펜 잠깐 빌릴게요.

단어

席(せき) 자리　間違(まちが)える 틀리다, 실수하다　電話番号(でんわばんごう) 전화번호

복습 문제

앞에서 학습한 문장입니다. 바로 일본어로 말해 볼까요?

1 실례지만, 요시노 씨인가요?

2 실례지만, 성함은?

3 실례지만, 성함을 물어도 될까요?

4 실례지만, 자리를 잘못 앉지 않았나요?

5 실례지만, 전화번호를 가르쳐 주시겠어요?

6 잠깐 실례할게요. 전화하고 오겠습니다.

7 죄송합니다. 앞에 지나갈게요.

8 호시노예요. 들어가겠습니다.

9 펜 잠깐 빌릴게요.

10 슬슬 실례하겠습니다(돌아가겠습니다).

도전 문제

주어진 문장을 활용해 다양한 문장 만들기에 도전해 보세요!

1 실례지만, 누구세요? • 누구 どなたさま

2 실례지만, 이건 무슨 뜻인가요? • 무슨 どういう • 의미 意味(いみ)

3 실례지만, 이건 대체 뭐죠? • 대체 一体(いったい)

4 잠깐 실례해도 될까요?

5 말씀 중에 실례합니다. • 말씀 중 お話中(はなしちゅう)

정답

복습 문제

1 失礼(しつれい)ですが、吉野(よしの)さんですか。 2 失礼(しつれい)ですが、お名前(なまえ)は。

3 失礼(しつれい)ですが、お名前(なまえ)を聞(き)いてもいいですか。 4 失礼(しつれい)ですが、席(せき)を間違(まちが)えていませんか。

5 失礼(しつれい)ですが、電話番号(でんわばんごう)を教(おし)えてくださいますか。

6 ちょっと失礼(しつれい)します。電話(でんわ)してきます。 7 すみません。前(まえ)を失礼(しつれい)します。

8 星野(ほしの)です。失礼(しつれい)します。 9 ペン、ちょっと失礼(しつれい)します。 10 そろそろ失礼(しつれい)します。

도전 문제

11 失礼(しつれい)ですが、どなたさまですか。 12 失礼(しつれい)ですが、これはどういう意味(いみ)ですか。

13 失礼(しつれい)ですが、これは一体何(いったいなん)ですか。 14 ちょっと失礼(しつれい)してもいいですか。

15 お話中(はなしちゅう)、失礼(しつれい)します。

35 커피라도 어때요?

제안하기

패턴 꽉!

- コーヒーでもどうですか。 커피라도 어때요?
- 一緒(いっしょ)に行(い)きませんか。 같이 가지 않을래요?
- みんなでカラオケに行(い)きましょう。 다 같이 노래방 갑시다.
- 今(いま)、時間(じかん)ありますか。 지금 시간 있어요?

단어 カラオケ 노래방

해설

제안할 때 쓸 수 있는 표현들을 소개할게요. 'どうですか'는 '어때요?'라는 뜻으로 상대방에게 무언가를 제안하거나, 의견을 물을 때 쓸 수 있어요. 그 다음은 '~ませんか'인데, 우리말에서는 '~할래요?'라고 묻는 것이 일반적이지만 일본어에서는 '~하지 않을래요?'라고 묻는 경우가 많답니다. 그때 쓰는 표현이 '~ませんか'예요. 물론 '~ましょうか'를 써서 '~할까요?'라고 물을 수도 있지요. 그리고 마지막으로 소개하는 표현은 '~ましょう'인데요, 말 그대로 '합시다'라는 뜻이죠.

위 예문 중 마지막 예문은 '今(いま)、時間(じかん)ありますか。'라고 해서 지금 시간이 있는지 물어봄으로써 무언가 용건이 있다는 사실을 미리 알릴 수 있는 표현이에요. '今(いま)' 대신에 '来週(らいしゅう)(다음 주), 今週末(こんしゅうまつ)(이번 주말)' 등을 쓸 수도 있겠죠. 또 그 외에도 '良(よ)かったら(괜찮으면)'을 문장 앞에 붙여서 쓰면 아주 자연스러운 제안 표현을 만들 수 있어요. 활용해 보세요.

문장 패턴

- うどんはどうですか。 우동은 어때요?
- もう一杯(いっぱい)どうですか。 한 잔 더 어때요?
- 田中(たなか)さんも一緒(いっしょ)にどうですか。 다나카 씨도 함께 어때요?
- 散歩(さんぽ)でもしませんか。 산책이라도 하지 않을래요?
- 今度(こんど)、一緒(いっしょ)に秋葉原(あきはばら)に行(い)きませんか。 다음에 같이 아키하바라에 가지 않을래요?
- そろそろ帰(かえ)りませんか。 이제 슬슬 돌아가지 않을래요?
- これ、食(た)べませんか。おいしいですよ。 이거 먹지 않을래요? 맛있어요.
- うどんでも食(た)べましょう。 우동이라도 먹읍시다.
- 残(のこ)りは明日(あした)にしましょう。 나머지는 내일 합시다.
- プレゼントを買(か)いましょうか。 선물을 살까요?

단어

うどん 우동　もう一杯(いっぱい) 한 잔 더　散歩(さんぽ) 산책　今度(こんど) 다음에
秋葉原(あきはばら) 아키하바라(도쿄의 지명)　残(のこ)り 나머지

복습 문제

앞에서 학습한 문장입니다. 바로 일본어로 말해 볼까요?

1 우동은 어때요?

2 한 잔 더 어때요?

3 다나카 씨도 함께 어때요?

4 산책이라도 하지 않을래요?

5 다음에 같이 아키하바라에 가지 않을래요?

6 이제 슬슬 돌아가지 않을래요?

7 이거 먹지 않을래요? 맛있어요.

8 우동이라도 먹읍시다.

9 나머지는 내일 합시다.

10 선물을 살까요?

도전 문제

주어진 문장을 활용해 다양한 문장 만들기에 도전해 보세요!

1 다음에 식사라도 같이하지 않을래요?

2 우선은 이것부터 할까요? • 하다 やる

3 괜찮으면, 내일도 올까요? • 괜찮으면 良(よ)かったら

4 괜찮으면, 다음 주 금요일에 영화라도 어때요? • 다음 주 금요일 来週金曜日(らいしゅうきんようび)

5 포인트는 한 번 더 체크 합시다. • 포인트 ポイント • 체크하다 チェックする

정답

복습 문제
1 うどんはどうですか。 2 もう一杯(いっぱい)どうですか。 3 田中(たなか)さんも一緒(いっしょ)にどうですか。
4 散歩(さんぽ)でもしませんか。 5 今度(こんど)、一緒(いっしょ)に秋葉原(あきはばら)に行(い)きませんか。 6 そろそろ帰(かえ)りませんか。
7 これ、食(た)べませんか。おいしいですよ。 8 うどんでも食(た)べましょう。
9 残(のこ)りは明日(あした)にしましょう。 10 プレゼントを買(か)いましょうか。

도전 문제
1 今度(こんど)、食事(しょくじ)でも一緒(いっしょ)にしませんか。 2 まずは、これからやりましょうか。
3 良(よ)かったら、明日(あした)も来(き)ましょうか。 4 良(よ)かったら、来週金曜日(らいしゅうきんようび)に映画(えいが)でもどうですか。
5 ポイントはもう一度(いちど)チェックしましょう。

이제 됐어요

사양하기, 거절하기

패턴 꽉!

- もう結構(けっこう)です。 이제 됐어요.
- 大丈夫(だいじょうぶ)です。 괜찮아요.
- すみません。その日(ひ)はちょっと……。 죄송해요. 그 날은 좀…….
- すみません。また誘(さそ)ってください。 죄송해요. 또 불러 주세요.

단어 結構(けっこう) 괜찮음(정중한 사양)

해설

앞에서는 제안하기를 연습했으니 이번에는 사양하고, 거절하는 말을 연습해 볼까요?

'밥을 더 먹겠느냐'라는 이야기부터 '같이 영화를 보러 가겠느냐', '내가 제공하는 일을 해 보겠느냐' 같은 권유와 제안은 물론 '도와줄 수 있느냐'라는 요청에 이르기까지, 일상생활 속에는 거절해야 하는 상황이 참 많습니다. 그럴 때 쓸 수 있는 기본적인 표현을 소개할게요.

거절할 때 기본적으로 기억해야 할 사항이 몇 가지 있어요. 거절 의사뿐 아니라 제안에 대한 감사, 받아들이지 못하는 미안함을 함께 표현하는 것이 좋다는 거죠. 거절 의사만 밝혀서는 차가운 느낌을 줄 수 있기 때문이에요. 그리고 가능하다면 다음을 기약하는 말까지 덧붙일 수 있으면 금상첨화죠. 아주 기본적인 표현부터 차근차근 익혀 봅시다.

또 하나! 예문에 '行(い)きたいんですけど'라는 표현이 있어요. 반말체에 '~んです'가 붙는 형태는 회화체에서 아주 빈번히 등장하는데요, 내용을 강조하거나 이유를 나타낼 때 쓰인답니다. 참고하세요.

문장 패턴

- A: お代(か)わりはどうですか。 더 드시겠어요?

  B: （いいえ、）結構(けっこう)です。 (아니요,) 됐어요.

- もういいです。 이제 됐어요.

- 私(わたし)はいいです。 저는 됐어요.

- A: 何(なに)かお手伝(てつだ)いしましょうか。 뭔가 도와드릴까요?

  B: 大丈夫(だいじょうぶ)です。でも、ありがとうございます。 괜찮아요. 그래도 고맙습니다.

- 残念(ざんねん)ですけど、今日(きょう)は無理(むり)ですね。 아쉽지만, 오늘은 무리네요.

- すみません。今日(きょう)は予定(よてい)がありまして。 미안해요. 오늘은 미리 정해진 일정이 있어서.

- 私(わたし)の分(ぶん)も楽(たの)しんできてください。 제 몫까지 즐기고 오세요.

단어

お代(か)わり 음식을 더 먹음　残念(ざんねん) 아쉬움　無理(むり) 무리
予定(よてい) 미리 정해진 일정, 예정　分(ぶん) 몫

복습 문제

앞에서 학습한 문장입니다. 바로 일본어로 말해 볼까요?

1 더 드시겠어요?

2 (아니요,) 됐어요.

3 저는 됐어요.

4 뭔가 도와드릴까요?

5 괜찮아요. 그래도 고맙습니다.

6 죄송해요. 그 날은 좀…….

7 죄송해요. 또 불러 주세요.

8 아쉽지만, 오늘은 무리네요.

9 미안해요. 오늘은 미리 정해진 일정이 있어서.

10 제 몫까지 즐기고 오세요.

도전 문제

주어진 문장을 활용해 다양한 문장 만들기에 도전해 보세요!

1 아쉽지만, 노래방은 안 좋아해요.

2 미안해요. 이번엔 건너뛰고 다음에 참가할게요. • 건너뛰다 パスする • 다음 次回

3 모처럼인데, 오늘은 좀 형편이 안 좋아요. • 모처럼 せっかく • 형편이 안 좋다 都合が悪い

4 아쉽지만, 내일부터 출장이에요. • 출장 出張

5 고맙지만, 오늘은 전혀 안 돼요. • 고맙다 ありがたい • 전혀 안 됨 だめ

정답

복습 문제

1 お代わりはどうですか。 2 (いいえ、)結構です。 3 私はいいです。

4 何かお手伝いしましょうか。 5 大丈夫です。でも、ありがとうございます。

6 すみません。その日はちょっと……。 7 すみません。また誘ってください。

8 残念ですけど、今日は無理ですね。 9 すみません。今日は予定がありまして。

10 私の分も楽しんできてください。

도전 문제

1 残念ですけど、カラオケは好きじゃありません。

2 すみません。今回はパスして次回参加します。

3 せっかくですけど、今日はちょっと都合が悪いんです。

4 残念ですけど、明日から出張です。 5 ありがたいんですけど、今日はだめです。

부탁해요

부탁하기

패턴 꽉!

- お願(ねが)いします。 — 부탁해요.
- よろしくお願(ねが)いします。 — 잘 부탁합니다.
- どうぞよろしくお願(ねが)いします。 — 아무쪼록 잘 부탁합니다.
- これ、お願(ねが)いします。 — 이거 주세요.
- 両替(りょうがえ)お願(ねが)いします。 — 환전 부탁해요.
- 韓国語(かんこくご)でお願(ねが)いします。 — 한국어로 부탁합니다.

단어 よろしく 잘　両替(りょうがえ) 돈을 바꿈, 환전

해설

우리 귀에 너무나도 익숙한 말 'お願(ねが)いします'를 연습해 봅시다.

두말할 필요 없이 이 말은 '부탁합니다'라는 뜻인데요. 누군가를 처음 만나 인사를 나눌 때처럼 전반적으로 잘 봐 달라는 뜻으로 쓰이기도 하지만, 위 예문에서 보듯이 '~을 달라', '~을 해 달라'라는 뜻으로 쓰이기도 합니다. 전방위적으로 쓸 수 있는 표현이라고 할까요? 대단히 쓰임새가 많은 표현이니까 다양하게 활용해 보시기 바랍니다.

문장 패턴

- うちの子(こ)をよろしくお願(ねが)いします。
  저희 아이를 잘 부탁합니다.
- もう一度(いちど)お願(ねが)いします。
  다시 한 번 부탁합니다.
- 資料(しりょう)は金曜日(きんようび)までにお願(ねが)いします。
  자료는 금요일 안에 부탁합니다.
- 吉野(よしの)さんをお願(ねが)いします。
  [전화할 때] 요시노 씨를 바꿔주세요.
- 空港(くうこう)までお願(ねが)いします。
  [택시에서] 공항까지 가 주세요.
- コース料理(りょうり)をお願(ねが)いしました。
  [식당에서] 코스 요리를 시켰어요.
- 日本語(にほんご)でお願(ねが)いします。
  일본어로 부탁해요.
- 一(ひと)つお願(ねが)いしてもいいですか。
  한 가지 부탁해도 될까요?
- ちょっとお願(ねが)いしてもいいですか。
  부탁 좀 해도 될까요?
- それを木村(きむら)さんにお願(ねが)いしてもいいですか。
  그걸 기무라 씨에게 부탁해도 될까요?

단어

うち 우리 집　子(こ) 아이　注文(ちゅうもん) 주문　までに ~까지, ~안에
空港(くうこう) 공항　コース料理(りょうり) 코스 요리

복습 문제

앞에서 학습한 문장입니다. 바로 일본어로 말해 볼까요?

1 저희 아이를 잘 부탁합니다.

2 다시 한번 부탁합니다.

3 [전화할 때] 요시노 씨를 바꿔주세요.

4 자료는 금요일 안에 부탁합니다.

5 [택시에서] 공항까지 가 주세요.

6 [식당에서] 코스 요리를 시켰어요.

7 일본어로 부탁해요.

8 한 가지 부탁해도 될까요?

9 부탁 좀 해도 될까요?

10 그걸 기무라 씨에게 부탁해도 될까요?

도전 문제

주어진 문장을 활용해 다양한 문장 만들기에 도전해 보세요!

1 그 점을 어떻게든 부탁합니다. • 그 점 そこ • 어떻게든 なんとか

2 제발 부탁합니다. • 제발 どうか

3 가능한 한 일찍 부탁합니다. • 가능한 한 なるべく

4 한 말씀 부탁합니다. • 한 말씀 一言

5 저는 이제 가요. 문 잘 잠그고 가세요. • 열쇠 かぎ

정답

복습 문제 1 うちの子をよろしくお願いします。 2 もう一度お願いします。
3 吉野さんをお願いします。 4 資料は金曜日までにお願いします。
5 空港までお願いします。 6 コース料理をお願いしました。
7 日本語でお願いします。 8 一つお願いしてもいいですか。
9 ちょっとお願いしてもいいですか。 10 それを木村さんにお願いしてもいいですか。

도전 문제 1 そこをなんとかお願いします。 2 どうかお願いします。
3 なるべく早くお願いします。 4 一言お願いします。
5 私はもう帰ります。かぎ、よろしくお願いします。

38 왜 그래요?

걱정하는 마음 전하기

패턴 꽉!

- どうしたんですか。 왜 그래요?
- どうしたんですか。顔色(かおいろ)が悪(わる)いですよ。 왜 그래요? 안색이 안 좋아요.
- 何(なに)かありましたか。 무슨 일 있었어요?
- どうか無理(むり)しないでください。 제발 무리하지 마세요.
- 気(き)をつけてください。 조심하세요.

단어 顔色(かおいろ) 안색　気(き)をつける 조심하다

해설

살다 보면 누구나 어렵고 힘든 상황, 고민되고 실망스러운 상황을 겪게 되죠? 그럴 때 누가 알아주면 얼마나 고마울까요? 이번에는 걱정하는 마음을 전해 봅시다.

가장 기본적인 표현은 'どうしたんですか'라는 표현이에요. '왜 그래요? 무슨 일이에요?'라고 묻는 말이죠.

사실 'どうしたんですか'는 알고 보면 정말 재미있는 표현인데요, 무척 다양한 뉘앙스로 쓸 수 있기 때문이에요. 무슨 일이 있었는지를 물을 때 외에도 상대가 하고 싶은 말이 있는 것처럼 보일 때, 밤늦게까지 안 돌아오는 사람에게 전화로 어디서 뭐 하냐고 따질 때 등의 경우에도 쓸 수 있죠. 상대를 걱정해 줄 때는 먼저 'どうしたんですか'라고 얘기한 다음에 다른 말을 덧붙이는 방식으로 이야기를 전개할 수도 있겠죠?

자 그럼 여러 예문을 통해서 걱정하는 마음을 전해 봅시다.

문장 패턴

- 最近元気(さいきんげんき)ないですね。 요즘 힘이 없네요.
- 何(なに)か心配事(しんぱいごと)でもありますか。 뭐 걱정거리라도 있나요?
- 何(なに)か悩(なや)み事(ごと)でもありますか。 뭐 고민거리라도 있나요?
- 何(なに)か困(こま)っていますか。 뭔가 어려움을 겪고 있습니까?
- 大丈夫(だいじょうぶ)ですか。 괜찮아요?
- 具合(ぐあい)が悪(わる)いんですか。 상태가 안 좋은가요?
- 病気(びょうき)だったんですか。もう大丈夫(だいじょうぶ)ですか。 병이었어요?(아팠어요?) 이제 괜찮아요?
- 風邪(かぜ)がはやっていますけど、大丈夫(だいじょうぶ)ですか。 감기가 유행하고 있는데, 괜찮아요?
- けがなどはありませんか。 부상 같은 건 없습니까?
- 体調(たいちょう)はどうですか。 몸 상태는 어때요?

단어

心配事(しんぱいごと) 걱정거리　悩み事(なやごと) 고민거리　困る(こま) 어려움을 겪다, 곤란하다
具合(ぐあい) 상태　病気(びょうき) 병　はやる 유행하다　など 등, 따위　体調(たいちょう) 몸 상태

복습 문제

앞에서 학습한 문장입니다. 바로 일본어로 말해 볼까요?

1 안색이 안 좋아요.

2 요즘 힘이 없네요.

3 뭐 걱정거리라도 있나요?

4 뭔가 어려움을 겪고 있습니까?

5 괜찮아요?

6 상태가 안 좋은가요?

7 병이었어요?(아팠어요?) 이제 괜찮아요?

8 감기가 유행하고 있는데, 괜찮아요?

9 부상 같은 건 없습니까?

10 몸 상태는 어때요?

도전 문제

주어진 문장을 활용해 다양한 문장 만들기에 도전해 보세요!

1 걱정하고 있어요.

2 요즘 지쳐 있죠?

3 몇 번이나 전화했어요. 무슨 일 있었어요?

4 태풍의 영향은 없었습니까?
• 태풍 台風(たいふう) • 영향 影響(えいきょう)

5 여러분 무사하세요?
• 무사함 無事(ぶじ)

정답

복습 문제
1 顔色(かおいろ)が悪(わる)いですよ。順調(じゅんちょう)ですか。 2 最近元気(さいきんげんき)ないですね。
3 何(なに)か心配事(しんぱいごと)でもありますか。 4 何(なに)か困(こま)っていますか。 5 大丈夫(だいじょうぶ)ですか。
6 具合(ぐあい)が悪(わる)いんですか。 7 病気(びょうき)だったんですか。もう大丈夫(だいじょうぶ)ですか。
8 風邪(かぜ)がはやっていますけど、大丈夫(だいじょうぶ)ですか。 9 けがなどはありませんか。
10 体調(たいちょう)はどうですか。

도전 문제
1 心配(しんぱい)しています。 2 最近疲(さいきんつか)れているでしょう。
3 何度(なんど)も電話(でんわ)したんですよ。何(なに)かありましたか。 4 台風(たいふう)の影響(えいきょう)はありませんでしたか。
5 皆(みな)さん、無事(ぶじ)ですか。

39 힘을 내세요

격려하기

패턴 꽉!

- 元気(げんき)を出(だ)してください。 힘을 내세요.
- つらかったですね。 괴로웠겠네요.
- 大変(たいへん)でしたね。 힘들었겠네요.
- 大丈夫(だいじょうぶ)ですよ。 괜찮아요.
- 今(いま)まで、がんばってきたんですね。 지금까지 애써온 거네요.

단어 つらい 고통스럽다, 괴롭다

해설

이번에는 힘들어 지치고, 낙담한 상대를 격려해 주고 싶을 때 무슨 말을 할 수 있을지 연습해 볼까요?

한때 욘사마의 〈겨울연가〉가 유행했을 때 일본 사람들이 자주 한 얘기가 있었어요. "한국 사람들은 어쩜 그렇게 '사랑한다'라는 말을 자주 하느냐?"였죠. 일본 사람들은 쑥스러워서 그런 말 못 한다는 거예요. 그런데 알고 보면 일본 사람들이야말로 쑥스러운 말을 얼마나 잘 하는지 모릅니다. 특히 이런 상황, 누군가에게 힘을 줄 때 또는 인생에 관한 교훈을 찾을 때 말이죠.

따뜻한 격려의 말은 언제나 서로에게 힘을 주죠. 이런 말 덕분에 우리의 마음이 황폐해지지 않고, 서로에게 의지가 될 수 있다면 얼마든지 연습해서 쓸 만하지 않을까요? 그런 의미에서 여러분이 소중한 사람을 위로해 줄 때 쓸 수 있는 감동적인 격려의 말을 소개합니다.

문장 패턴

- いつでも話(はなし)聞(き)きますよ。 언제든지 이야기 들을게요.
- いつでも話(はな)してくださいね。 언제든지 이야기하세요.
- 私(わたし)にも同(おな)じ経験(けいけん)があります。 제게도 같은 경험이 있어요.
- だれにでも失敗(しっぱい)はあります。 누구에게나 실패는 있어요.
- 私(わたし)も自信(じしん)なんか全然(ぜんぜん)ありませんよ。 저도 자신감 따위 전혀 없어요.
- きっとうまくいきます。 분명 잘 될 거예요.
- きっとよくなります。 분명 좋아질 거예요.
- 私(わたし)たちがいつもそばにいますよ。 우리가 언제나 옆에 있을게요.
- 元気(げんき)でいてくれてありがとうございます。 기운 차리고 있어 줘서 고마워요.
- 私(わたし)に相談(そうだん)してくれてうれしいです。 제게 의논해 줘서 기뻐요.

단어

いつでも 언제든지　同(おな)じ 같음　経験(けいけん) 경험　自信(じしん) 자신감　なんか 따위

きっと 분명　うまくいく 잘 되다, 잘 풀리다　いつも 언제나, 항상

복습 문제

앞에서 학습한 문장입니다. 바로 일본어로 말해 볼까요?

1 언제든지 이야기 들을게요.

2 언제든지 이야기하세요.

3 제게도 같은 경험이 있어요.

4 누구에게나 실패는 있어요.

5 저도 자신감 따위 전혀 없어요.

6 분명 잘 될 거예요.

7 분명 좋아질 거예요.

8 기운 차리고 있어 줘서 고마워요.

9 힘을 내세요.

10 제게 의논해 줘서 기뻐요.

도전 문제

주어진 문장을 활용해 다양한 문장 만들기에 도전해 보세요!

1 이번에는 상대가 나빴어요. • 이번 今回

2 이야기하세요. 끝까지 들을게요. • 끝까지, 철저하게 とことん

3 할 수 있는 일은 뭐든지 할 테니까 말을 거세요. • 말을 걸다 声をかける

4 당신은 괜찮습니다. 제가 보증합니다! • 보증하다 保証する

5 괜찮아요! 인생이 끝나는 건 아니니까요. • 인생 人生 • 것(사정) わけ

정답

복습 문제

1 いつでも話聞きますよ。 2 いつでも話してくださいね。

3 私にも同じ経験があります。 4 だれにでも失敗はあります。

5 私も自信なんか全然ありませんよ。 6 きっとうまくいきます。

7 きっとよくなります。 8 元気でいてくれてありがとうございます。

9 元気を出してください。 10 私に相談してくれてうれしいです。

도전 문제

1 今回は相手が悪かったです。 2 話してください。とことん聞きます。

3 できることは何でもしますから声をかけてください。

4 あなたは大丈夫です。私が保証します！

5 大丈夫です！人生が終わるわけではありませんから。

좋네요

평가하기

패턴 꽉!

- いいですね。 좋네요.
- いいんじゃないですか。 그럴듯하지 않아요?
- すごいですね。 굉장하네요.
- ちょうどいいです。 딱 좋아요.
- 悪(わる)くないですね。 나쁘지 않은데요.
- まあ、いいか。 그런대로 괜찮은가…….

단어 すごい 굉장하다　まあ 지금으로써는, 그런대로

해설

일상은 판단과 평가의 연속인지도 모릅니다. 특히 업무를 수행하는 과정은 더욱 그렇죠. 작은 아이디어 하나부터 중요한 선택의 순간에 이르기까지 대상을 평가할 때 어떤 말을 할 수 있을지 짧은 문장을 모아봤어요.

'좋다'부터 '그저 그렇다', '나쁘다'에 이르는 다양한 평가의 예문을 연습해 봅시다.

문장 패턴

- とても素晴(すば)らしいと思(おも)います。 아주 훌륭하다고 생각해요.
- そんなに悪(わる)くないと思(おも)います。 그렇게 나쁘지 않다고 생각해요.
- 良(よ)くも悪(わる)くもないですね。 좋지도 나쁘지도 않네요.
- まあまあです。 그럭저럭 쓸만해요.
- 微妙(びみょう)ですね。 미묘하네요.
- 判断(はんだん)がなかなか難(むずか)しいですね。 판단이 영 어렵네요.
- そこがいまいちです。 그 점이 약간 부족해요.
- 別(べつ)にいいんじゃないですか。 별로 나쁘지 않잖아요?
- こんなものでは商品(しょうひん)になりません。 이래서는 상품이 안 됩니다.
- これはだめですよ。 이건 안 되겠어요.

단어

素晴(すば)らしい 훌륭하다 ~と思(おも)う ~라고 생각하다 微妙(びみょう) 미묘함 判断(はんだん) 판단
いまいち (조금 모자라는 모양을 나타내는 말) 別(べつ)に 별로 商品(しょうひん) 상품

복습 문제

앞에서 학습한 문장입니다. 바로 일본어로 말해 볼까요?

1 아주 훌륭하다고 생각해요.

2 그렇게 나쁘지 않다고 생각해요.

3 좋지도 나쁘지도 않네요.

4 그럭저럭 쓸만해요.

5 미묘하네요.

6 판단이 영 어렵네요.

7 그 점이 약간 부족해요.

8 별로 나쁘지 않잖아요?

9 이래서는 상품이 안 됩니다.

10 이건 안 되겠어요.

도전 문제

주어진 문장을 활용해 다양한 문장 만들기에 도전해 보세요!

1 특별히 문제는 없다고 생각해요.
• 특별히 特(とく)に

2 아이디어 자체는 나쁘지 않았다고 생각해요.
• 아이디어 アイデア • 자체 自体(じたい)

3 맛은 그럭저럭인데 가격이 싸서 좋네요.
• 맛 味(あじ) • 그럭저럭 そこそこ • 값이 싸다 安(やす)い

4 색은 좋은데, 디자인이 좀 부족하네요.
• 색 色(いろ) • 디자인 デザイン

5 나쁜 안은 아니에요. 저는 오히려 높게 평가합니다.
• 안 案(あん), 오히려 むしろ • 높게 평가하다 評価(ひょうか)する

정답

복습 문제

1 とても素晴(すば)らしいと思(おも)います。 2 そんなに悪(わる)くないと思(おも)います。

3 良(よ)くも悪(わる)くもないですね。 4 まあまあです。 5 微妙(びみょう)ですね。

6 判断(はんだん)がなかなか難(むずか)しいですね。 7 そこがいまいちです。 8 別(べつ)にいいんじゃないですか。

9 こんなものでは商品(しょうひん)になりません。 10 これはだめですよ。

도전 문제

1 特(とく)に問題(もんだい)はないと思(おも)います。 2 アイデア自体(じたい)は悪(わる)くなかったと思(おも)います。

3 味(あじ)はそこそこですけど、安(やす)くていいですね。

4 色(いろ)はいいんですけど、デザインがいまいちですね。

5 悪(わる)い案(あん)ではありません。私(わたし)はむしろ評価(ひょうか)します。

41 아주 재미있었어요

소감, 감상 말하기

패턴 꽉!

- とてもおもしろかったです。 아주 재미있었어요.
- 最高(さいこう)でした。 최고였어요.
- 最低(さいてい)でした。 최악이어요.
- すごく難(むずか)しかったですね。 무척 어려웠네요.
- まあまあでしたね。 그럭저럭 괜찮던데요.

단어 最高(さいこう) 최고 最低(さいてい) 최저, 최악, 최하

해설

소감은 앞 과에서 연습한 내용과도 일맥상통하는 부분이 있지만, 여기서는 과거형에 집중할 거예요. 즉 무언가를 다 겪고 나서 개인적으로 느낀 바, 감상을 말하는 거죠. 물론 상황에 따라 평가와 소감에 관한 표현은 서로 중복될 수도 있고, 시제도 현재와 과거를 다 쓸 수 있어요.

영화 한 편만 봐도 하고 싶은 이야기가 참 많죠? 이제 주위 사람들과 함께 여러분의 감상을 공유해보세요. 대화의 즐거움에 푹 빠질 수 있는 계기가 만들어질 거예요.

문장 패턴

- 期待(きたい)と違(ちが)いました。 기대와 달랐어요.
- 期待(きたい)はずれでした。 기대 밖이었어요.
- 物足(ものた)りなかったです。 어딘지 부족했어요.
- 鳥肌(とりはだ)が立(た)ちましたよ。 소름이 돋았어요!
- これはもう感動(かんどう)しました。 정말 감동했어요.
- 涙(なみだ)が出(で)ました。 눈물이 나왔어요.
- 話(はなし)が複雑(ふくざつ)でわけが分(わ)からなかったんです。 이야기가 복잡해서 무슨 소린지 모르겠던데요.
- なんとなく分(わ)かる気(き)もしますけどね。 왠지 알 것 같은 기분도 들었지만요.
- 残念(ざんねん)です。 아쉬워요.
- 最後(さいご)は危(あぶ)なかったですね。 마지막에는 위험했어요.

단어

期待(きたい) 기대　違(ちが)う 다르다　期待(きたい)はずれ 기대에 어긋남, 기대 밖
物足(ものた)りない 어딘지 부족함　鳥肌(とりはだ)が立(た)つ 소름 돋다　わけが分(わ)からない 영문을 모르다
なんとなく 어쩐지, 왠지　気(き)がする 생각이 들다, 느낌이 들다　最後(さいご) 마지막

복습 문제

앞에서 학습한 문장입니다. 바로 일본어로 말해 볼까요?

1 기대와 달랐어요.

2 기대 밖이었어요.

3 어딘지 부족했어요.

4 소름이 돋았어요!

5 정말 감동했어요.

6 눈물이 나왔어요.

7 이야기가 복잡해서 무슨 소린지 모르겠던데요.

8 왠지 알 것 같은 기분도 들었지만요.

9 아쉬워요.

10 마지막에는 위험했어요.

도전 문제

주어진 문장을 활용해 다양한 문장 만들기에 도전해 보세요!

1 기대하고 있었는데, 뭔가 어딘지 부족했어요. • 무언가 なんか

2 오늘은 지는가 싶었어요(지는 줄 알았어요). • ~하는가 싶다 ~かと思(おも)う

3 그 곡은 처음 들었을 때, 소름이 돋을 정도로 좋았어요. • 곡 曲(きょく) • 정도 ほど

4 좀 심하다고 생각하지 않으세요? • 심하다 ひどい

5 내용이 엉망이었죠. • 엉망임 めちゃくちゃ

정답

복습 문제
1 期待(きたい)と違(ちが)いました。 2 期待(きたい)はずれでした。 3 物足(ものた)りなかったです。
4 鳥肌(とりはだ)が立(た)ちましたよ。 5 これはもう感動(かんどう)しました。 6 涙(なみだ)が出(で)ました。
7 話(はなし)が複雑(ふくざつ)でわけが分(わ)からなかったんです。 8 なんとなく分(わ)かる気(き)もしますけどね。
9 残念(ざんねん)です。 10 最後(さいご)は危(あぶ)なかったですね。

도전 문제
1 期待(きたい)していましたが、なんか物足(ものた)りなかったですね。 2 今日(きょう)は負(ま)けるかと思(おも)いました。
3 あの曲(きょく)は、初(はじ)めて聞(き)いたとき鳥肌(とりはだ)が立(た)つほど良(よ)かったです。
4 ちょっとひどいと思(おも)いません？ 5 内容(ないよう)がめちゃくちゃでしたね。

42 머리가 좋네요

칭찬하기

패턴 꽉!

- 頭(あたま)がいいですね。 머리가 좋네요.
- さすがですね。 과연 대단하네요.
- 完璧(かんぺき)ですね。 완벽하군요.
- 驚(おどろ)きました。すごいですね。 놀랐습니다. 대단하네요.

단어 完璧(かんぺき) 완벽함

해설

칭찬은 고래도 춤추게 한다고 했던가요? 사람과 사람의 관계에서 칭찬만큼 기분 좋은 말도 없을 것 같아요. 칭찬은 듣는 사람만 좋은 것이 아닙니다. 칭찬하는 여러분 자신의 호감도도 동시에 급상승하지요. 그 사실을 기억하신다면 42과는 더 열심히 연습해야 하겠죠?

상대를 칭찬하는 표현이라고 하면 그 사람의 성격, 업적, 특징만을 떠올리기 쉽지만, 그렇지 않습니다. 상대의 모든 면을 좋은 쪽으로 해석하면 칭찬거리는 무궁무진하거든요. '문장 패턴'에 등장하는 마지막 예문들을 예로 들어볼까요? '이해하기 어렵다'라는 부정적 생각도 관점만 달리하면 '개성이 있어 좋다'라는 긍정적 칭찬으로 변하게 됩니다. '특징이 없고 무미건조하다'라는 말도 '심플해서 멋지다'가 될 수 있지요. 또 '나이 든 거 표난다'라는 말 대신 '항상 차분하다'라는 말로 바꾸면 듣는 사람이 얼마나 기분 좋겠어요?

말 한마디로 천 냥 빚을 갚고, 상대에게 기분 좋은 자극을 줄 수 있는 '칭찬'을 열심히 연습합시다!

문장 패턴

- やさしい方(かた)ですね。 상냥한 분이네요.
- 本当(ほんとう)に聞(き)き上手(じょうず)ですね。 이야기를 정말 잘 들어 주시네요.
- 思(おも)いやりがあってあたたかい人(ひと)ですね。 배려심 있고 따뜻한 사람이네요.
- 我慢強(がまんづよ)いですね。 참을성이 강하네요.
- 言葉遣(ことばづか)いがきれいですね。 말씨가 예쁘네요.
- 融通(ゆうずう)が利(き)く人(ひと)ですね。 융통성이 있는 사람이네요.
- 機転(きてん)が利(き)きますね。 재치 있네요.
- 個性(こせい)があっていいですね。 개성이 있어 좋네요.
- シンプルでかっこいいです。 심플해서 멋져요.
- いつも落(お)ち着(つ)いていますね。 언제나 차분하네요.

단어

方(かた) 분　聞(き)き上手(じょうず) (이야기를) 잘 들음　思(おも)いやり 배려, 동정심　我慢強(がまんづよ)い 참을성이 강하다
言葉遣(ことばづか)い 말씨　融通(ゆうずう)が利(き)く 융통성이 있다　機転(きてん)が利(き)く 재치가 있다, 기지를 발휘할 줄 안다
個性(こせい) 개성　シンプル 심플함　落(お)ち着(つ)く 안정되다, 가라앉다

복습 문제

앞에서 학습한 문장입니다. 바로 일본어로 말해 볼까요?

1 상냥한 분이네요.

2 이야기를 정말 잘 들어 주시네요.

3 배려심 있고 따뜻한 사람이네요.

4 참을성이 강하네요.

5 말씨가 예쁘네요.

6 융통성이 있는 사람이네요.

7 재치 있네요.

8 개성이 있어 좋네요.

9 심플해서 멋져요.

10 언제나 차분하네요.

도전 문제 주어진 문장을 활용해 다양한 문장 만들기에 도전해 보세요!

1 멋쟁이시네요.

2 시원시원한 분이네요. • 시원시원하다 すがすがしい

3 잘 알고 계시네요. • 자세히 알고 있다 詳(くわ)しい

4 항상 야무지네요. • 야무지다 しっかりしている

5 거기까지는 생각이 못 미쳤어요. 눈치가 빠르시네요.
• 생각이 미치다 気(き)がつく • 눈치가 빠르다(세심한 데까지 생각이 미치다) 気(き)が利(き)く

정답

복습 문제 1 やさしい方(かた)ですね。 2 本当(ほんとう)に聞(き)き上手(じょうず)ですね。
3 思(おも)いやりがあってあたたかい人(ひと)ですね。 4 我慢強(がまんづよ)いですね。
5 言葉遣(ことばづか)いがきれいですね。 6 融通(ゆうずう)が利(き)く人(ひと)ですね。 7 機転(きてん)が利(き)きますね。
8 個性(こせい)があっていいですね。 9 シンプルでかっこいいです。
10 いつも落(お)ち着(つ)いていますね。

도전 문제 1 おしゃれですね。 2 すがすがしい方(かた)ですね。 3 詳(くわ)しいですね。
4 いつもしっかりしていますね。 5 そこまでは気(き)がつきませんでした。気(き)が利(き)きますね。

43 미안해요

사과하기

패턴 꽉!

- すみません。 미안해요.
- どうもすみません。 대단히 미안합니다.
- 遅(おそ)くなってすみません。 늦어져서 미안합니다.
- 申(もう)し訳(わけ)ありません。 죄송합니다.
- 大変(たいへん)申(もう)し訳(わけ)ありません。 대단히 죄송합니다.
- 申(もう)し訳(わけ)ありませんでした。 죄송했습니다.

단어 大変(たいへん) 몹시, 대단히

해설

이번에는 사과, 사죄의 표현을 연습해 봅시다.

기본적으로 '미안하다'라는 표현은 'すみません'을 써요. 그리고 그것보다 한 단계 더 정중한 존댓말은 '申(もう)し訳(わけ)ありません'을 쓰고요. 상대방이 누군지에 따라서 선택해 쓰면 되겠죠.

그런데 '죄송합니다'라는 인사말만으로는 정말 미안해하는지 어떤지, 이쪽이 무엇에 대해 미안하게 여기는지, 얼마나 진심인지를 전할 수가 없겠죠. 그래서 다양한 예문을 준비했어요. 사과해야 하는 상황은 위기지만, 사과와 사죄 표현을 잘한다면 그 위기는 기회로 바뀔 수도 있지 않을까요?

문장 패턴

- こんな時間(じかん)に電話(でんわ)してすみません。
  이런 시간에 전화해서 미안해요.
- 返事(へんじ)が遅(おそ)くなってすみません。 답변이 늦어져 미안합니다.
- 感情的(かんじょうてき)になってすみませんでした。
  감정적이 되어서 미안했어요.
- 今日(きょう)は子(こ)どもがうるさくて失礼(しつれい)しました。
  오늘 아이가 시끄러워서 실례했습니다.
- あってはならないことでした。 있어서는 안 되는 일이었습니다.
- 言(い)いすぎでした。 말이 지나쳤습니다.
- 私(わたし)の発言(はつげん)に問題(もんだい)がありました。 제 발언에 문제가 있었습니다.
- 面目(めんぼく)ありません。 면목 없습니다.
- 私(わたし)のせいです。 제 탓입니다.
- 注意(ちゅうい)します。 주의하겠습니다.

단어

返事(へんじ) 답변　感情的(かんじょうてき) 감정적　~てはならない ~서는 안 되다　言(い)いすぎ 지나친 말
発言(はつげん) 발언　面目(めんぼく) 면목　せい 탓　注意(ちゅうい) 주의

복습 문제

앞에서 학습한 문장입니다. 바로 일본어로 말해 볼까요?

1 이런 시간에 전화해서 미안해요.

2 답변이 늦어져 미안합니다.

3 감정적이 되어서 미안했어요.

4 오늘 아이가 시끄러워서 실례했습니다.

5 있어서는 안 되는 일이었습니다.

6 말이 지나쳤습니다.

7 제 발언에 문제가 있었습니다.

8 면목 없습니다.

9 제 탓입니다.

10 주의하겠습니다.

도전 문제

주어진 문장을 활용해 다양한 문장 만들기에 도전해 보세요!

1 조심하겠습니다.

2 책임은 제게 있습니다. • 책임 責任(せきにん)

3 잘못은 전부 제게 있습니다. • 잘못 非(ひ)

4 진심으로 반성하고 있습니다. • 반성 反省(はんせい)

5 부끄러울 뿐입니다. • 부끄럽다 恥(は)ずかしい • 한도(뿐) 限(かぎ)り

정답

복습 문제 1 こんな時間(じかん)に電話(でんわ)してすみません。 2 返事(へんじ)が遅(おそ)くなってすみません。 3 感情的(かんじょうてき)になってすみませんでした。 4 今日(きょう)は子(こ)どもがうるさくて失礼(しつれい)しました。 5 あってはならないことでした。 6 言(い)いすぎでした。 7 私(わたし)の発言(はつげん)に問題(もんだい)がありました。 8 面目(めんぼく)ありません。 9 私(わたし)のせいです。 10 注意(ちゅうい)します。

도전 문제 1 気(き)をつけます。 2 責任(せきにん)は私(わたし)にあります。 3 非(ひ)は全部(ぜんぶ)私(わたし)にあります。 4 心(こころ)から反省(はんせい)しています。 5 恥(は)ずかしい限(かぎ)りです。

44 정말 그래요

맞장구치기

패턴 꽉!

- なるほどです。 정말 그래요.
- ありえないですよ。 말도 안 되죠.
- 嘘(うそ)でしょ！ 세상에!
- 分(わ)かります！ 알아요!
- 私(わたし)もです。 저도 그래요.

단어 なるほど 정말, 과연 ありえない 있을 수 없다 さすが 역시

해설

같은 주제로 이야기해도 대화의 장을 더 신나고 활기차게 만들어주는 사람들이 있지요. 자세히 살펴보면 그 사람들은 맞장구를 잘 칩니다. 특히 일본인들은 아무 말 없이 상대의 이야기에 귀를 기울이는 것보다 쉬지 않고 맞장구를 쳐주는 사람을 더 좋아합니다. 개인의 취향이라기보다는 대화가 얼마나 능숙한지를 가늠하는 척도로 본다고 말할 수 있지요. 왜냐하면 맞장구를 쳐주면 말을 하는 사람이 '아, 내 이야기에 집중해 주는구나.'라고 생각해서 훨씬 깊은 이야기를 털어놓을 수 있기 때문입니다.

맞장구를 칠 때는 문장의 표현력만으로는 제대로 된 효과를 얻을 수 없어요. 고개를 끄덕이고, 짧은 말이라도 감정을 한껏 넣어야 하지요. 물론 리듬감도 중요해서 적절한 타이밍에 적절한 빠르기로 치고 빠지는 것도 중요해요. 그런 비언어적 부분이 대화에 상당한 영향을 끼친다는 데에는 공감하시죠? 그런 의미에서 여러분도 다양한 대화 상황을 상상하면서 말하기 연습을 해 보세요.

문장 패턴

- ですよね！ 그렇죠!
- 私（わたし）もそう思（おも）います。 저도 그렇게 생각해요.
- その通（とお）りです。 그렇다니까요.
- そうなんですか。 그런 거예요? (억양을 내리며)
- 知（し）らなかったです。 몰랐어요.
- 素敵（すてき）ですね。 멋지네요.
- へぇ、良（よ）かったですね 。 어머, 잘됐네요.
- それはすごいですね。 그거 대단한데요.
- センスがいいですね。 감각이 좋네요.
- お疲（つか）れでしょう。 피곤하죠?

단어

通（とお）り ~대로　素敵（すてき） 근사함, 멋짐　すごい 대단하다　センス 센스, 감각

복습 문제

앞에서 학습한 문장입니다. 바로 일본어로 말해 볼까요?

1 그렇죠!

2 저도 그렇게 생각해요.

3 그렇다니까요.

4 그런 거에요? (억양을 내리며)

5 몰랐어요.

6 멋지네요.

7 어머, 잘됐네요.

8 그거 대단한데요.

9 감각이 좋네요.

10 피곤하죠?

도전 문제

주어진 문장을 활용해 다양한 문장 만들기에 도전해 보세요!

1 그거 긴장되겠네요. • 긴장하다, 긴장되다 緊張(きんちょう)する

2 그거 정말 힘들었겠네요. • 몹시 심하다 きつい

3 그거 괴로웠겠네요.

4 그거 곤란했겠네요.

5 그거 즐거웠겠네요.

정답

복습 문제 1 ですよね！ 2 私(わたし)もそう思(おも)います。 3 その通(とお)りです。 4 そうなんですか。
5 知(し)らなかったです。 6 素敵(すてき)ですね。 7 へぇ、良(よ)かったですね 。
8 それはすごいですね。 9 センスがいいですね。 10 お疲(つか)れでしょう。

도전 문제 1 それは緊張(きんちょう)するでしょう。 2 それはきついですね。 3 それはつらかったでしょう。
4 それは困(こま)ったでしょう。 5 それは楽(たの)しかったでしょう。

45 예약을 하고 싶은데요

예약하기

패턴 꽉!

- 予約(よやく)をしたいんですが。 예약을 하고 싶은데요.
- 予約(よやく)をお願(ねが)いしたいんですが。 예약을 부탁하고 싶은데요.
- 宿泊(しゅくはく)の予約(よやく)をしたいんですが。 숙박 예약을 하고 싶은데요.
- 1時(いちじ)に予約(よやく)したいんですが。 1시에 예약하고 싶은데요.
- 月曜日(げつようび)に予約(よやく)したいんですが。 월요일에 예약하고 싶은데요.

단어 予約(よやく) 예약 月曜日(げつようび) 월요일

해설

이번에는 '예약'하는 법을 연습해 봅시다. 항공편은 인터넷으로 예약하는 경우가 대부분이지만, 그 외의 상황에서는 직접 대화를 나누어야 하는 상황이 아직 많지요. 그래서 간단하면서도 꼭 필요한 문장을 소개합니다.

예약할 때는 보통 담당자가 묻는 말에 대답만 잘하면 되지만, 그래도 여러분이 직접 결정해서 알려야 하는 정보는 있기 마련이지요. 그런 정보는 짧더라도 정확하게 말할 필요가 있겠어요. 다양한 상황을 상상하면서 여러분이 원하는 바를 정확하게 말하는 연습을 해 보세요.

문장 패턴

- 2月14日(にがつじゅうよっか)から3泊(さんぱく)です。　2월 14일부터 3박이에요.
- 禁煙室(きんえんしつ)をお願(ねが)いします。　금연실 부탁합니다.
- ツインをお願(ねが)いします。　트윈룸 부탁합니다.
- もう少(すこ)し安(やす)い部屋(へや)はありませんか。　좀 더 싼 방은 없습니까?
- 土曜日(どようび)の夜(よる)、4人(よにん)ですが。　토요일 저녁, 네 사람인데요.
- チェックイン、チェックアウトはいつですか。　체크인, 체크아웃은 언제인가요?
- 土曜日(どようび)の11時(じゅういちじ)は空(あ)いていますか。　토요일 11시는 비어 있습니까?
- 次(つぎ)はいつが空(あ)いていますか。　다음은 언제가 비어 있습니까?
- それで予約(よやく)してください。　그걸로 예약해 주세요.
- それでいいです。　그걸로 됐어요.

단어

3泊(さんぱく) 3박　禁煙室(きんえんしつ) 금연실　ツイン 트윈(룸, 베드)　チェックイン 체크인
チェックアウト 체크아웃　土曜日(どようび) 토요일　夜(よる) 밤　空(あ)く 비다　次(つぎ) 다음

복습 문제

앞에서 학습한 문장입니다. 바로 일본어로 말해 볼까요?

1 2월 14일부터 3박이에요.

2 금연실 부탁합니다.

3 트윈룸 부탁합니다.

4 좀 더 싼 방은 없습니까?

5 1시에 예약하고 싶은데요.

6 토요일 저녁, 네 사람인데요.

7 체크인, 체크아웃은 언제인가요?

8 토요일 11시는 비어 있습니까?

9 다음은 언제가 비어 있습니까?

10 그걸로 예약해 주세요.

도전 문제

주어진 문장을 활용해 다양한 문장 만들기에 도전해 보세요!

1 조식 포함으로 부탁해요. • 조식 포함 朝食付き

2 예약을 변경하고 싶은데요. • 변경 変更

3 예약을 취소하고 싶은데요. • 취소 キャンセル

4 수수료는 얼마예요? • 수수료 手数料 • 얼마 いくら

5 10월 2일부터 싱글룸을 2박 부탁합니다. • 싱글 シングル • 2박 2泊

정답

복습 문제

1 2月14日から3泊です。 2 禁煙室をお願いします。 3 ツインをお願いします。

4 もう少し安い部屋はありませんか。 5 1時に予約したいんですが。

6 土曜日の夜、4人ですが。 7 チェックイン、チェックアウトはいつですか。

8 土曜日の11時は空いていますか。 9 次はいつが空いていますか。

10 それで予約してください。

도전 문제

1 朝食付きでお願いします。 2 予約を変更したいんですが。

3 予約をキャンセルしたいんですが。 4 手数料はいくらですか。

5 10月2日から、シングルを2泊お願いします。

46 이건 얼마예요?

쇼핑하기

패턴 꽉!

- これはいくらですか。 이건 얼마예요?
- これを見(み)せてください。 이걸 보여 주세요.
- これは何(なん)ですか。 이건 뭔가요?
- 他(ほか)の色(いろ)はありませんか。 다른 색은 없습니까?
- 赤(あか)いのを三(みっ)つください。 빨간 걸 세 개 주세요.

단어 他(ほか) 다른 것 赤(あか)い 빨갛다 三(みっ)つ 셋

해설

이번 주제는 '쇼핑'이에요. 여행이나 출장을 가서 빠뜨리지 않고 하는 일이 쇼핑이죠. 가장 기대되는 시간이기도 하고요. 그런 만큼 물건을 살 때 필요한 회화는 언제나 필수 회화로 꼽힙니다. 그런데 뭐니 뭐니 해도 중요한 것은 자신의 요구를 정확하게 전달하는 능력이겠죠. 그런 의미에서 다양한 상황에 쓸 수 있는 아주 기본적인 문장을 소개합니다.

물건을 고르고 사는 표현뿐 아니라 '보기만 하는 거예요', '좀 더 생각해 볼게요'라고 넌지시 거절하는 표현도 실어 두었으니까 함께 이용해 보세요. 예문을 열심히 연습해서 쇼핑을 마음껏 즐기시기 바랍니다.

문장 패턴

- すみません。下着(したぎ)はどこですか。 저기요. 속옷은 어디 있나요?
- ちょっと見(み)ているだけです。 그냥 보는 거예요.
- もうちょっと安(やす)いのはありませんか。 좀 더 싼 건 없나요?
- もう少(すこ)し大(おお)きいのはありませんか。 좀 더 큰 건 없습니까?
- 一番人気(いちばんにんき)の商品(しょうひん)は何(なん)ですか。 제일 인기 있는 상품은 뭐예요?
- 着(き)てみてもいいですか。 입어 봐도 되나요?
- このスカート、履(は)いてみてもいいですか。 이 스커트 입어봐도 되나요?
- じゃ、これにします。 그럼 이걸로 할게요.
- 包(つつ)んでください。 포장해 주세요.
- カードでいいですか。 신용카드로 하면 될까요?

단어

下着(したぎ) 속옷　人気(にんき) 인기　スカート 스커트
包(つつ)む 싸다, 포장하다　カード(クレジットカード) 신용카드

복습 문제

앞에서 학습한 문장입니다. 바로 일본어로 말해 볼까요?

1 저기요. 속옷은 어디 있나요?

2 그냥 보는 거예요.

3 좀 더 싼 건 없나요?

4 좀 더 큰 건 없습니까?

5 제일 인기 있는 상품은 뭐예요?

6 입어 봐도 되나요?

7 이 스커트 입어봐도 되나요?

8 그럼 이걸로 할게요.

9 포장해 주세요.

10 신용카드로 하면 될까요?

도전 문제

주어진 문장을 활용해 다양한 문장 만들기에 도전해 보세요!

1 이 운동화 270은 없어요? • 운동화 運動靴(うんどうぐつ) • 270(27센티미터) 27センチ

2 열고 나서 얼마나 가나요?

• 열다 開(あ)ける, 얼마나 どれくらい • 어떤 상태가 오래가다 もつ

3 비닐봉지에 넣어 주세요. • 비닐봉지 レジ袋(ぶくろ)

4 이거와 이건 어떻게 다른가요? • 다르다 違(ちが)う

5 잠깐 생각해 볼게요.

정답

복습 문제 1 すみません。下着(したぎ)はどこですか。 2 ちょっと見(み)ているだけです。

3 もうちょっと安(やす)いのはありませんか。 4 もう少(すこ)し大(おお)きいのはありませんか。

5 一番人気(いちばんにんき)の商品(しょうひん)は何(なん)ですか。 6 着(き)てみてもいいですか。

7 このスカート、履(は)いてみてもいいですか。 8 じゃ、これにします。

9 包(つつ)んでください。 10 カードでいいですか。

도전 문제 1 この運動靴(うんどうぐつ)、27センチはありませんか。 2 開(あ)けてからどれくらいもちますか。

3 レジ袋(ぶくろ)に入(い)れてくださいますか。 4 これとこれはどう違(ちが)いますか。

5 ちょっと考(かんが)えます。

47 주문 받으세요

식당에서 주문하기

패턴 꽉!

- すみません, 注文(ちゅうもん)をお願(ねが)いします。 여기요, 주문 받으세요.
- お勧(すす)めは何(なん)ですか。 추천 메뉴는 뭔가요?
- これはどんな料理(りょうり)ですか。 이건 어떤 요리예요?
- これにします。 이걸로 할게요.
- とりあえずビールを１本(いっぽん)ずつください。 일단 맥주를 1병씩 주세요.

단어

注文(ちゅうもん) 주문　お勧(すす)め 추천　とりあえず 일단, 우선
本(ほん) 병, 자루(길이가 긴 물건을 세는 조수사)

해설

식당에서 주문하는 법을 연습해 봅시다.

'패턴 꽉!'에 '일단 맥주 1병씩 주세요 とりあえずビールを１本(ぽん)ずつください'라는 예문이 나와 있죠? 일본인들이 맥주를 얼마나 좋아하는지 식당에서 주문할 때는 이 말부터 할 정도로 자주 사용하는 말입니다. 잘 이용하면 좋겠죠?

그리고 '패턴 문장'에는 '예약했어요 予約(よやく)しています'라는 예문이 나와요. '했어요'라는 과거인데 왜 'しています'라고 말하는지 의아하죠? 그건 '예약을 해둔 상태'라는 것을 알리기 때문이에요. '~ている' 는 '~을 하고 있다'라는 의미 즉 동작의 진행을 나타내기도 하지만, '~을 해 둔 상태다'라는 의미를 나타내기도 합니다. 이미 끝난 행위의 결과가 지속되고 있음을 표현하는 것이지요.

문장 패턴

- 佐藤(さとう)です。予約(よやく)しています。 사토라고 합니다. 예약했어요.
- 禁煙席(きんえんせき)はありますか。 금연석 있습니까?
- 一番早(いちばんはや)い料理(りょうり)は何(なん)ですか。 가장 먼저 나오는 요리는 뭔가요?
- これはどうやって食(た)べますか。 이건 어떻게 먹어요?
- セットにコーヒーはついていますか。 세트에 커피는 포함되어 있나요?
- サラダに玉(たま)ねぎは入(い)れないでください。 샐러드에 양파는 넣지 말아 주세요.
- コーヒーはホットでお願(ねが)いします。 커피는 뜨거운 것으로 주세요.
- お勘定(かんじょう)をお願(ねが)いします。 계산해 주세요.
- 割(わ)り勘(かん)にしましょう。 각자 내죠.
- 私(わたし)の分(ぶん)は出(だ)します。 제가 먹은 만큼은 낼게요.

단어

どうやって 어떻게　セット 세트　つく 붙다, 더해지다　サラダ 샐러드
玉(たま)ねぎ 양파　ホット 핫, 뜨거운　お勘定(かんじょう) (치를 금액의) 계산　割(わ)り勘(かん) 각자 부담

복습 문제

앞에서 학습한 문장입니다. 바로 일본어로 말해 볼까요?

1 사토라고 합니다. 예약했어요.

2 금연석 있습니까?

3 가장 먼저 나오는 요리는 뭔가요?

4 이건 어떻게 먹어요?

5 세트에 커피는 포함되어 있나요?

6 샐러드에 양파는 넣지 말아 주세요.

7 커피는 뜨거운 것으로 주세요.

8 계산해 주세요.

9 각자 내죠.

10 제가 먹은 만큼은 낼게요.

도전 문제

주어진 문장을 활용해 다양한 문장 만들기에 도전해 보세요!

1 현금으로 지불할게요. • 현금 現金(げんきん) • 지불하다 支払(しはら)う

2 가장 잘하는 요리는 뭡니까? • 가장 잘하는 요리 自慢(じまん)の料理(りょうり)(自慢(じまん)은 자랑)

3 자리를 바꾸고 싶은데요. • 자리를 바꾸다 席(せき)を変(か)わる

4 저쪽 자리는 안 될까요? • 저쪽 あちら

5 아직 런치 서비스를 하고 있나요? • 런치 서비스를 하다 ランチサービスをやる

정답

복습 문제

1 佐藤(さとう)です。予約(よやく)しています。 2 禁煙席(きんえんせき)はありますか。 3 一番早(いちばんはや)い料理(りょうり)は何(なに)ですか。

4 これはどうやって食(た)べますか。 5 セットにコーヒーはついていますか。

6 サラダに玉(たま)ねぎは入(い)れないでください。 7 コーヒーはホットでお願(ねが)いします。

8 お勘定(かんじょう)をお願(ねが)いします。 9 割(わ)り勘(かん)にしましょう。 10 私(わたし)の分(ぶん)は出(だ)します。

도전 문제

1 現金(げんきん)で支払(しはら)います。 2 自慢(じまん)の料理(りょうり)は何(なん)ですか。 3 席(せき)を変(か)わりたいんですが。

4 あちらの席(せき)はだめですか。 5 まだランチサービスをやっていますか。

48 지하철역은 어디예요?

길 묻기

패턴 꽉!

- 地下鉄(ちかてつ)の駅(えき)はどこですか。 지하철역은 어디예요?
- グランプリホテルに行(い)きたいのですが。 그랑프리 호텔에 가고 싶은데요.
- 銀行(ぎんこう)を探(さが)しています。 은행을 찾고 있어요.
- 右側(みぎがわ)にあります。 오른편에 있어요.
- 左側(ひだりがわ)に見(み)えます。 왼편에 보일 거예요.

단어 地下鉄(ちかてつ) 지하철 銀行(ぎんこう) 은행 探(さが)す 찾다 右側(みぎがわ) 오른편 左側(ひだりがわ) 왼편

해설

처음 가는 지역에서는 아무리 준비를 잘했다고 해도 헤매기 마련이죠. 스마트폰이 있고 지도를 가지고 있다고 해도 뭐니 뭐니 해도 가장 손쉽고 빠른 방법은 그 지역 사람에게 묻는 것입니다. 그래서 길을 묻고, 안내받는 문장을 준비했어요.

단, 앞에서 연습한 예약, 쇼핑, 식당 주문과는 다른 점이 하나 있어요. 길을 물을 때는 자신이 원하는 바를 정확히 얘기하는 것 외에 필요한 능력이 또 있어요. 상대방의 설명을 잘 알아들어야 하지요. 각 코너에서 길을 묻는 방법과 함께 안내하는 문장도 함께 실었으니까 유용하게 활용해 보세요.

문장 패턴

- ちょっとすみません。 잠깐만요.
- この住所(じゅうしょ)までどうやって行(い)きますか。 이 주소까지 어떻게 가나요?
- この辺(へん)にバス停(てい)はありますか。 이 주변에 버스 정류장은 있나요?
- ここは何(なん)という通(とお)りですか。 여기는 무슨 길인가요?
- ここから遠(とお)いですか。 여기서 먼가요?
- 歩(ある)いてどれくらいかかりますか。 걸어서 얼마나 걸리나요?
- 車(くるま)と電車(でんしゃ)、どっちが早(はや)いですか。 자동차와 전철 중 어느 쪽이 빠른가요?
- まっすぐ進(すす)んでください。 직진하세요.
- まっすぐ行(い)ってください。 똑바로 가세요.
- 左(ひだり)に曲(ま)がってください。 왼쪽으로 꺾으세요.

단어

住所(じゅうしょ) 주소　辺(へん) 주변　バス停(てい) 버스 정류장　何(なん)という通(とお)り 뭐라고 부르는 길
まっすぐ 똑바로, 곧게　進(すす)む 나아가다　左(ひだり) 왼쪽　曲(ま)がる 꺾다

복습 문제

앞에서 학습한 문장입니다. 바로 일본어로 말해 볼까요?

1 잠깐만요.

2 이 주소까지 어떻게 가나요?

3 이 주변에 버스 정류장은 있나요?

4 여기는 무슨 길인가요?

5 여기서 먼가요?

6 걸어서 얼마나 걸리나요?

7 자동차와 전철 중 어느 쪽이 빠른가요?

8 똑바로 가세요.

9 직진하세요.

10 왼쪽으로 꺾으세요.

도전 문제

주어진 문장을 활용해 다양한 문장 만들기에 도전해 보세요!

1 오른쪽에 보이는 편의점을 지나가세요. • 오른쪽 右手(みぎて) • 지나가다 通(とお)り過(す)ぎる

2 여기서 거기까지 차로는 얼마나 걸리나요? • 거기 そこ

3 신주쿠 역으로 가고 싶은데, 이 방향이 맞나요?
• 신주쿠 역 新宿駅(しんじゅくえき) • 방향 方向(ほうこう) • 맞다 合(あ)う

4 다른 길을 와 있네요.

5 그랑프리 호텔을 아세요? 어디에 있나요?

정답

복습 문제
1 ちょっとすみません。 2 この住所(じゅうしょ)までどうやって行(い)きますか。
3 この辺(へん)にバス停(てい)はありますか。 4 ここは何(なん)という通(とお)りですか。
5 ここから遠(とお)いですか。 6 歩(ある)いてどれくらいかかりますか。
7 車(くるま)と電車(でんしゃ)ではどっちが早(はや)いですか。 8 まっすぐ行(い)ってください。
9 まっすぐ進(すす)んでください。 10 左(ひだり)に曲(ま)がってください。

도전 문제
1 右手(みぎて)に見(み)えるコンビニを通(とお)り過(す)ぎてください。
2 ここからそこまで車(くるま)ではどれくらいかかりますか。
3 新宿駅(しんじゅくえき)へ行(い)きたいんですが、この方向(ほうこう)で合(あ)っていますか。 4 違(ちが)う道(みち)を来(き)ていますね。
5 グランプリホテルを知(し)っていますか。どこにありますか。

신칸센 표는 어디서 사나요?

교통수단 이용하기

패턴 꽉!

- 新幹線の切符はどこで買いますか。 신칸센 표는 어디서 사나요?
- この電車は新宿へ行きますか。 이 전철은 신주쿠로 가나요?
- 歌舞伎座はどの駅で降りますか。 가부키좌는 어느 역에서 내리나요?
- どのバスが東京駅に行きますか。 어느 버스가 도쿄역에 가나요?
- 最寄の駅までお願いします。 [택시] 가장 가까운 역까지 가 주세요.

단어 新幹線(しんかんせん) 신칸센　切符(きっぷ) 표　歌舞伎座(かぶきざ) 가부키좌(가부키 전용 극장)　降(お)りる 내리다　バス 버스　最寄(もより) 가장 가까움

해설

교통수단의 이용과 관련한 문장을 연습해 볼까요? 전철 또는 열차, 버스, 택시를 이용할 때 쓸 수 있는 가장 간단한 문장들만 소개했어요. 교통수단을 잘못 이용하면 원치 않는 곳에 갈 수도 있고, 그로 인해 일정에 차질이 생길 수가 있지요. 또 일본의 경우, 한국보다 교통비가 비싸기 때문에 예상보다 훨씬 많은 돈이 교통비로 낭비될 수도 있어요. 그러니까 확실하게 알 때까지 여러 번 반복해서 익혀놓는 것이 좋겠죠?

원하는 목표지점에 단번에 도착할 수 있게 예문을 열심히 연습해 보세요.

문장 패턴

[電車(でんしゃ) 전철]

- 切符売り場(きっぷうりば)はどこですか。 표 파는 곳은 어디인가요?
- 成田(なりた)まで2枚(にまい)ください。 나리타까지 2장 주세요.
- 上野(うえの)はここからいくつ目(め)ですか。 우에노는 여기서 몇 개째 (역)인가요?
- ここはどこの駅(えき)ですか。 여기는 어느 역인가요?
- どこで乗換(のりか)えますか。 어디서 갈아타나요?

[バス 버스]

- このバスはどこへ行(い)きますか。 이 버스는 어디로 가나요?
- 東京駅(とうきょうえき)で止(と)まりますか。 도쿄역에서 서나요?

[タクシー 택시]

- ここまで行(い)ってください。 여기까지 가 주세요.
- ここで止(と)まってください。 여기 세워 주세요.
- ここで降(お)ります。 여기서 내릴게요.

단어

売り場(うりば) 파는 곳, 매장　成田(なりた) 나리타　枚(まい) 장　大阪(おおさか) 오사카　上野(うえの) 우에노
いくつ目(め) 몇 개째　乗換(のりか)える 갈아타다　止(と)まる 멈추다　いくら 얼마나

복습 문제

앞에서 학습한 문장입니다. 바로 일본어로 말해 볼까요?

1 표 파는 곳은 어디인가요?

2 나리타까지 2장 주세요.

3 우에노는 여기서 몇 개째 (역)인가요?

4 여기는 어느 역인가요?

5 어디서 갈아타나요?

6 이 버스는 어디로 가나요?

7 도쿄역에서 서나요?

8 여기까지 가 주세요.

9 여기 세워 주세요.

10 여기서 내릴게요.

도전 문제

주어진 문장을 활용해 다양한 문장 만들기에 도전해 보세요!

1 1일 승차권을 사고 싶은데요. • 1일 승차권 一日乗車券(いちにちじょうしゃけん)

---

2 후쿠야마에 가고 싶은데요, 어느 전철인가요? • 후쿠야마 福山(ふくやま)

---

3 개찰구는 어디에요? • 개찰구 改札口(かいさつぐち)

---

4 여기서 내려 주세요. • 내려놓다 降(お)ろす

---

5 요금은 얼마인가요? • 요금 料金(りょうきん)

정답

복습 문제 1 切符売り場(きっぷうりば)はどこですか。 2 成田(なりた)まで2枚(にまい)ください。

3 上野(うえの)はここからいくつ目(め)ですか。 4 ここはどこの駅(えき)ですか。 5 どこで乗換(のりか)えますか。

6 このバスはどこへ行(い)きますか。 7 東京駅(とうきょうえき)で止(と)まりますか。

8 ここまで行(い)ってください。 9 ここで止(と)まってください。 10 ここで降(お)ります。

도전 문제 1 一日乗車券(いちにちじょうしゃけん)を買(か)いたいんですが。 2 福山(ふくやま)に行(い)きたいんですが、どの電車(でんしゃ)ですか。

3 改札口(かいさつぐち)はどこですか。 4 ここで降(お)ろしてください。 5 料金(りょうきん)はいくらですか。

50 배가 아파요

병원, 약국 이용하기

패턴 꽉!

- お腹(なか)が痛(いた)いんです。 배가 아파요.
- 熱(ねつ)があります。 열이 나요.
- 寒気(さむけ)がします。 한기가 나요.
- めまいがします。 현기증이 나요.
- 吐(は)き気(け)がします。 구역질이 나요.

단어 お腹(なか) 배　痛(いた)い 아프다　寒気(さむけ)がする 한기가 들다
めまいがする 현기증이 나다　吐(は)き気(け)がする 구역질이 나다

해설

병원과 약국에서 쓸 수 있는 표현을 연습해 봅시다. 여행이나 출장을 갔을 때 갑자기 몸에 이상이 생길 수도 있으니까요. 몸이 아프다는 것은 쇼핑이나 관광과는 차원이 다른 상황입니다. 간단한 문장이라도 정확하게 전달하고, 처방대로 올바르게 약을 복용하는 것이 매우 중요하죠. 그런 만큼 놓치지 말고 익혀 두시기 바랍니다.

또 하나! 간단한 약은 약국 말고 드러그 스토어라는 곳에서도 살 수 있어요. 드러그 스토어에서는 건강 보조 식품이나 미용용품, 간단한 생활용품까지 살 수 있는 것, 다들 아시죠?

문장 패턴

- 頭(あたま)が痛(いた)いんです。 머리가 아파요.
- のども痛(いた)いんです。 목도 아파요.
- せきが出(で)ます。 기침이 나와요.
- ケガをしました。 다쳤어요.
- 早(はや)く効(き)くのはどっちですか。 빨리 듣는 건 어느 쪽인가요?
- 足(あし)がむくんでいますが。 다리가 부었는데요.
- A: 他(ほか)に服用中(ふくようちゅう)の薬(くすり)はありますか。 달리 복용 중인 약은 있습니까?

  B: 特(とく)にありません。 특별히 없어요.
- 食後(しょくご)に飲(の)んでください。 식후에 드세요.
- 寝(ね)る前(まえ)に飲(の)んでください。 자기 전에 드세요.

단어

のど 목　せき 기침　効(き)く (약효가) 듣다　むくむ 붓다(부종)　服用中(ふくようちゅう) 복용 중
薬(くすり) 약　特(とく)に 특히, 특별히　食後(しょくご) 식후　飲(の)む (약을) 복용하다

복습 문제

앞에서 학습한 문장입니다. 바로 일본어로 말해 볼까요?

1 머리가 아파요.

2 목도 아파요.

3 기침이 나와요.

4 다쳤어요.

5 열이 나요.

6 빨리 듣는 건 어느 쪽인가요?

7 다리가 부었는데요.

8 달리 복용 중인 약은 있습니까?

9 식후에 드세요.

10 자기 전에 드세요.

도전 문제

주어진 문장을 활용해 다양한 문장 만들기에 도전해 보세요!

1 아침저녁 두 번 드세요.

• 아침저녁 朝晩(あさばん) • 두 번 2回(にかい)

2 반창고 있어요?

• 반창고 絆創膏(ばんそうこう)(バンドエイド)

3 몸의 마디마디가 아파요.

• 마디마디 節々(ふしぶし)

4 입맛이 없어요.

• 입맛, 식욕 食欲(しょくよく)

5 설사를 하고 있어요.

• 설사 下痢(げり)

정답

복습 문제 1 頭(あたま)が痛(いた)いんです。 2 のども痛(いた)いんです。 3 せきが出(で)ます。 4 ケガをしました。 5 熱(ねつ)があります。 6 早(はや)く効(き)くのはどっちですか。 7 足(あし)がむくんでいますが。 8 他(ほか)に服用中(ふくようちゅう)の薬(くすり)はありますか。 9 食後(しょくご)に飲(の)んでください。 10 寝(ね)る前(まえ)に飲(の)んでください。

도전 문제 1 朝晩(あさばん)2回(にかい)飲(の)んでください。 2 絆創膏(ばんそうこう)(バンドエイド)ありますか。 3 体(からだ)の節々(ふしぶし)が痛(いた)いんです。 4 食欲(しょくよく)がありません。 5 下痢(げり)をしています。

단어

의미	단어	독음	챕터
가게	店	みせ	문 20
가격	価格	かかく	문 26
가능한 한	なるべく	なるべく	회 37
가다	行く	いく	문 11
가르치다	教える	おしえる	문 19
가방	かばん	かばん	문 04
가볍다	軽い	かるい	문 06
가부키좌 (가부키 전용 극장)	歌舞伎座	かぶきざ	회 49
가장 가까움	最寄	もより	회 49
가짜 상품	偽物	にせもの	문 26
각자 부담	割り勘	わりかん	회 47
간단함	簡単	かんたん	문 02
갈아타다	乗換える	のりかえる	회 49
감기 들다	風邪をひく	かぜをひく	문 26
감동하다	感動する	かんどうする	문 17
감사하다	感謝する	かんしゃする	회 33
감정적	感情的	かんじょうてき	회 43
같음	同じ	おなじ	회 39
개	犬	いぬ	문 30
개성	個性	こせい	회 42
개찰구	改札口	かいさつぐち	회 49
거기	そこ	そこ	회 42
거들다	手伝う	てつだう	회 32
거들어 줌	手伝い	てつだい	회 33
거의	ほとんど	ほとんど	문 10
거절하다	断る	ことわる	문 24
거짓말	うそ	うそ	문 23
거짓말을 하다	うそをつく	うそをつく	문 25
걱정거리	心配事	しんぱいごと	회 38

의미	단어	독음	챕터
걱정하다	心配する	しんぱいする	문 13
건너다	渡る	わたる	문 15
건너뛰다	パスする	ぱすする	회 36
걷다	歩く	あるく	문 11
걸다	かける	かける	문 12
걸리다	かかる	かかる	문 22
것 (사정)	わけ	わけ	회 39
것, 물건	物	もの	문 19
것, 점	こと	こと	문 13
게임	ゲーム	げーむ	문 02
겨울	冬	ふゆ	문 05
결정하다	決める	きめる	문 22
결혼하다	結婚する	けっこんする	문 13
경영	経営	けいえい	문 15
경험	経験	けいけん	회 39
계속, 줄곧	ずっと	ずっと	문 22
계시다, 오시다, 가시다(いる, 行く, 来る의 존댓말)	いらっしゃる	いらっしゃる	회 31
고기	お肉	おにく	문 12
고등학교	高校	こうこう	문 12
고르다	選ぶ	えらぶ	문 17
고맙다	ありがたい	ありがたい	회 36
고민거리	悩み事	なやみごと	회 38
고양이	猫	ねこ	문 30
고통스럽다, 괴롭다	つらい	つらい	회 39
곡	曲	きょく	회 41
곳	ところ	ところ	문 04
공부	勉強	べんきょう	문 03
공원	公園	こうえん	문 30
공항	空港	くうこう	문 01

단어

의미	단어	독음	챕터
과연	なるほど	なるほど	회 44
괜찮음	大丈夫	だいじょうぶ	회 31
괜찮음 (정중한 사양)	結構	けっこう	회 36
교복	制服	せいふく	문 12
교토	京都	きょうと	문 30
구두	くつ	くつ	문 09
구역질이 나다	吐き気がする	はきけがする	회 50
굽다	焼く	やく	문 11
(귀기울여) 듣다	聴く	きく	문 15
귀엽다	かわいい	かわいい	문 04
그	彼	かれ	문 02
그	あの	あの	문 01
그 점	そこ	そこ	회 37
그걸로	それで	それで	문 03
그것	それ	それ	문 08
그녀	彼女	かのじょ	문 11
그다지	それほど	それほど	문 04
그다지	あまり	あまり	문 02
그럭저럭	まあまあ	まあまあ	회 32
그런	そんな	そんな	문 04
그런 거	そんなの	そんなの	문 04
그렇게	そんなに	そんなに	문 02
그림	絵	え	문 18
(그림을) 그리다	描く	かく	문 18
그만, 자기도 모르게	つい	つい	문 19
그만두다	やめる	やめる	문 23
그치다, 멎다	やむ	やむ	문 25
근사함, 멋짐	素敵	すてき	회 44
근처	近所	きんじょ	문 12

의미	단어	독음	챕터
금방, 곧바로	すぐ	すぐ	문 07
금연실	禁煙室	きんえんしつ	회 45
금요일	金曜日	きんようび	문 08
기다리다	待つ	まつ	문 09
기대	期待	きたい	회 41
기대에 어긋남, 기대 밖	期待はずれ	きたいはずれ	회 41
기본적으로	基本的に	きほんてきに	문 02
기분 좋다	気持ちいい	きもちいい	문 06
기쁘다	うれしい	うれしい	문 16
기억하다, 외우다	覚える	おぼえる	문 19
기침	せき	せき	회 50
긴장하다, 긴장되다	緊張する	きんちょうする	회 44
길	道	みち	문 15
길다	長い	ながい	문 05
김치	キムチ	きむち	문 24
꺾다	曲がる	まがる	회 48
껌	ガム	がむ	문 15
꿈	夢	ゆめ	문 07
끊다	切る	きる	문 22
끝	終わり	おわり	문 01
끝까지, 철저하게	とことん	とことん	회 39
끝나다	終わる	おわる	문 09
나	私	わたし	문 01
나리타	成田	なりた	회 49
나머지	残り	のこり	회 35
나쁘다	悪い	わるい	문 04
나아가다	進む	すすむ	회 48
나오다	出る	でる	문 17
날	日	ひ	회 36

단어

의미	단어	독음	챕터
낡다, 오래되다	古い	ふるい	문 05
남	人	ひと	문 14
(남의) 언니, 누나	お姉さん	おねえさん	문 30
남자	男の人	おとこのひと	문 06
남편	夫	おっと	문 30
내 집	マイホーム	まいほーむ	문 23
내 차	マイカー	まいかー	문 23
내려놓다	降ろす	おろす	회 49
내리다	降りる	おりる	문 27
내리다	下がる	さがる	문 25
내용	内容	ないよう	문 23
내일	明日	あした	문 13
냉장고	冷蔵庫	れいぞうこ	문 30
넓다	広い	ひろい	문 04
넣다	入れる	いれる	문 19
노래	歌	うた	문 02
노래방	カラオケ	からおけ	회 35
노래하다	歌う	うたう	문 15
노력하다, 애쓰다	がんばる	がんばる	문 09
놀다	遊ぶ	あそぶ	문 10
놀라다	驚く	おどろく	문 16
높게 평가하다	評価する	ひょうかする	회 40
높다	高い	たかい	문 04
누구	だれ	だれ	문 08
누구	どなたさま	どなたさま	회 34
눈	雪	ゆき	문 23
눈물	涙	なみだ	문 17
(눈, 비가) 내리다	降る	ふる	문 25
눈치가 빠르다 (세심한 데까지 생각이 미치다)	気が利く	きがきく	회 42

의미	단어	독음	챕터
눕다	寝る	ねる	문 25
늘다	増える	ふえる	문 12
늦다	遅い	おそい	문 07
다 같이	みんなで	みんなで	문 25
다르다	違う	ちがう	문 41
다른 것	他	ほか	회 46
다름, 별고	変わり	かわり	회 32
다만	ただ	ただ	문 03
다시(또)	また	また	문 07
다음	次回	じかい	회 36
다음	次	つぎ	회 45
다음 주	来週	らいしゅう	회 35
다음에	今度	こんど	회 35
단순함	単純	たんじゅん	문 03
단숨에	一気に	いっきに	문 21
단풍	もみじ	もみじ	문 15
담배	タバコ	たばこ	문 16
답변	返事	へんじ	회 43
당기다, 끌다	引く	ひく	문 15
당신	あなた	あなた	문 01
대단하다	すごい	すごい	회 44
대답하다	答える	こたえる	문 29
대체	一体	いったい	회 34
대체로	大体	だいたい	문 12
대학	大学	だいがく	문 13
덕분	おかげ	おかげ	회 32
덥다	暑い	あつい	문 05
도달하다, 도착하다	届く	とどく	문 11
도망가다	逃げる	にげる	문 27

단어

의미	단어	독음	챕터
도쿄	東京	とうきょう	문 14
돈	お金	おかね	문 18
돈을 바꿈, 환전	両替	りょうがえ	회 37
돌리다	回す	まわす	문 15
돌아가다	帰る	かえる	문 14
돌아가다 (오다)	戻る	もどる	문 17
동반하다	連れる	つれる	문 29
되다	なる	なる	회 40
두 명	二人	ふたり	문 30
두 번	二回	にかい	회 50
두 번 다시	二度と	にどと	문 14
두다	置く	おく	문 11
뒤, 후	後	あと	문 17
드라마	ドラマ	どらま	문 12
들다, 가지다	持つ	もつ	문 16
들르다	寄る	よる	문 22
들어가다	入る	はいる	문 14
등, 따위	など	など	회 38
디자인	デザイン	でざいん	문 06
따뜻하다	あたたかい	あたたかい	문 06
따위	なんか	なんか	회 39
딱	ちょうど	ちょうど	회 40
때	時	とき	문 05
똑바로, 곧게	まっすぐ	まっすぐ	회 48
뛰다	走る	はしる	문 18
라디오	ラジオ	らじお	문 11
라멘 가게	ラーメン屋さん	らーめんやさん	문 12
런치 서비스	ランチサービス	らんちさーびす	회 47
로그인	ログイン	ろぐいん	문 12

의미	단어	독음	챕터
마디마디	節々	ふしぶし	회 50
마시다, (약을) 복용하다	飲む	のむ	문 10
마음에 두다	気にする	きにする	회 33
마지막	最後	さいご	회 41
만	だけ	だけ	문 26
만나다	会う	あう	문 09
만들다	作る	つくる	문 09
많다	多い	おおい	문 04
많이	たくさん	たくさん	문 13
말씀 중	お話し中	おはなしちゅう	회 34
말씨	言葉遣い	ことばづかい	회 42
말을 걸다	声をかける	こえをかける	회 39
말하다	言う	いう	문 23
맛	味	あじ	회 40
맛없다, 서툴다	まずい	まずい	문 04
맛있다	おいしい	おいしい	문 04
맞다	合う	あう	문 25
맞다	正しい	ただしい	회 48
매너	マナー	まなー	문 22
매미	セミ	せみ	문 30
매일	毎日	まいにち	문 11
매일 아침	毎朝	まいあさ	문 12
매출	売り上げ	うりあげ	문 12
맥주	ビール	びーる	문 17
머리	頭	あたま	문 16
먹다	食べる	たべる	문 12
먹을 것, 음식	食べ物	たべもの	문 02
먼저	お先に	おさきに	문 13
멈추다	止まる	とまる	회 49

단어

의미	단어	독음	챕터
멋있다	かっこいい	かっこいい	문 05
메모를 하다	メモを取る	めもをとる	문 15
메시지	メッセージ	めっせーじ	문 17
메일	メール	めーる	문 11
면목	面目	めんぼく	회 43
몇 개째	いくつ目	いくつめ	회 49
몇 권	何冊	なんさつ	문 10
몇 번이나	何回も	なんかいも	회 32
몇 시	何時	なんじ	문 08
모이다	集まる	あつまる	문 16
모처럼	せっかく	せっかく	회 36
목	のど	のど	회 50
목요일	木曜日	もくようび	문 01
목욕을 하다	お風呂に入る	おふろにはいる	문 22
몫	分	ぶん	회 36
몸	体	からだ	문 19
몸 상태	体調	たいちょう	회 38
몹시 심하다	きつい	きつい	회 44
몹시, 대단히	大変	たいへん	회 43
못함	下手	へた	문 02
무겁다	重い	おもい	문 06
무리하다	無理する	むりする	문 26
무사함	無事	ぶじ	회 38
무슨	どういう	どういう	회 34
무슨 길	何という通り	なんというとおり	회 48
무엇	何	なに	문 08
무엇보다	何より	なにより	문 23
무엇을 위해서	何のために	なんのために	문 18
문제	問題	もんだい	문 06

의미	단어	독음	챕터
묻다, 듣다	聞く	きく	문 11
물론	もちろん	もちろん	문 05
뭔가	何か	なにか	문 14
미국	アメリカ	あめりか	문 13
미리 정해진 일정, 예정	予定	よてい	회 36
미묘함	微妙	びみょう	회 40
믿다	信じる	しんじる	문 27
밀다	押す	おす	문 26
바꾸다	替える	かえる	문 27
바람	風	かぜ	문 05
바쁘다	忙しい	いそがしい	문 04
밖	外	そと	문 07
반 년	半年	はんとし	문 22
반성	反省	はんせい	회 43
반창고	絆創膏 (バンドエイド)	ばんそうこう (ばんどえいど)	회 50
발	足	あし	문 25
발언	発言	はつげん	회 43
밝다	明るい	あかるい	문 04
밤	夜	よる	문 19
방	部屋	へや	문 04
방법	方法	ほうほう	회 48
방에서 내다보이는 전망	部屋からの眺め	へやからのながめ	문 05
방해	じゃま	じゃま	회 32
방향	方向	ほうこう	회 48
배	お腹	おなか	회 50
배려, 동정심	思いやり	おもいやり	회 42
배우다	習う	ならう	문 09
배우다, 익히다	学ぶ	まなぶ	문 24

단어

의미	단어	독음	챕터
버리다	捨てる	すてる	문 27
버스	バス	ばす	문 09
버스 정류장	バス停	ばすてい	문 30
벌다	稼ぐ	かせぐ	문 18
벗다	脱ぐ	ぬぐ	문 18
베란다	ベランダ	べらんだ	문 30
변경	変更	へんこう	회 45
별로	別に	べつに	회 40
병	病気	びょうき	회 38
병, 자루(길이가 긴 물건을 세는 조수사)	本	ほん	문 17
보고하다	報告する	ほうこくする	문 29
보내다	送る	おくる	문 18
보다	見る	みる	문 12
보여주다	見せる	みせる	문 14
보증하다	保証する	ほしょうする	회 39
복용 중	服用中	ふくようちゅう	회 50
복잡함	複雑	ふくざつ	문 03
부끄럽다	恥ずかしい	はずかしい	회 43
(부담이 덜어져) 도움이 되다	助かる	たすかる	회 33
부르다	呼ぶ	よぶ	문 10
부상	けが	けが	회 31
분	方	かた	회 42
분명	きっと	きっと	회 39
분위기	雰囲気	ふんいき	문 04
불고기	焼肉	やきにく	문 14
불러주다, 권하다	誘う	さそう	회 33
불편함	不便	ふべん	문 03
붓다(부종)	むくむ	むくむ	회 50
붙다, 더해지다	つく	つく	회 47

의미	단어	독음	챕터
비	雨	あめ	문 25
비닐봉지	レジ袋	れじぶくろ	회 46
비다	空く	あく	회 45
비싸다	高い	たかい	문 04
빚	借り	かり	회 33
빨갛다	赤い	あかい	회 46
빨래하다	洗濯をする	せんたくをする	문 25
사과	りんご	りんご	문 30
사귀다	付き合う	つきあう	문 22
사다	買う	かう	문 09
사람	人	ひと	문 01
사무실	オフィス	おふぃす	문 01
사실은	実は	じつは	문 03
사실은	本当は	ほんとうは	문 14
사용하다	使う	つかう	문 24
사이즈	サイズ	さいず	문 05
사진	写真	しゃしん	문 15
사진을 찍다	写真を撮る	しゃしんをとる	문 24
사흘	三日	みっか	문 22
사흘 동안	三日間	みっかかん	문 08
산책	散歩	さんぽ	회 35
살다	住む	すむ	문 17
살찌다	太る	ふとる	문 16
삼겹살	三枚肉	さんまいにく	문 24
상냥하다	やさしい	やさしい	문 04
상담하다	相談する	そうだんする	문 22
상대	相手	あいて	문 22
상자	箱	はこ	문 30
상태	具合	ぐあい	회 38

단어

의미	단어	독음	챕터
상품	商品	しょうひん	문 20
새 학기	新学期	しんがっき	문 08
새롭다	新しい	あたらしい	문 04
색	色	いろ	회 40
샐러드	サラダ	さらだ	회 47
생각이 들다, 느낌이 들다	気がする	きがする	회 41
생각이 미치다	気がつく	きがつく	회 42
생각하다	考える	かんがえる	문 22
생기다	できる	できる	문 12
생맥주	生ビール	なまびーる	문 14
생선	魚	さかな	문 11
생일	誕生日	たんじょうび	문 08
샤워를 하다	シャワーを浴びる	しゃわーをあびる	문 15
서두르다	急ぐ	いそぐ	문 11
서른 살	30歳	さんじゅっさい	문 07
서울	ソウル	そうる	문 17
서울역	ソウル駅	そうるえき	문 21
선물	プレゼント	ぷれぜんと	회 33
선생님	先生	せんせい	문 07
설사	下痢	げり	회 50
성실하지 않음	不真面目	ふまじめ	문 02
성실함	まじめ	まじめ	문 02
성적	成績	せいせき	문 06
세련됨, 멋쟁이	おしゃれ	おしゃれ	문 06
세면대	洗面台	せんめんだい	문 15
세상	世の中	よのなか	문 04
세트	セット	せっと	회 47
센스, 감각	センス	せんす	회 44
센티미터	センチ	せんち	회 46

의미	단어	독음	챕터
셋	三つ	みっつ	회 46
소감	感想	かんそう	문 19
소개하다	紹介する	しょうかいする	문 13
소란 피우다	騒ぐ	さわぐ	문 18
소름 돋다	鳥肌が立つ	とりはだがたつ	회 41
소리치다	叫ぶ	さけぶ	문 26
소설	小説	しょうせつ	문 15
소중함	大事	だいじ	회 31
속옷	下着	したぎ	회 46
손	手	て	문 09
쇼핑	買い物	かいもの	문 03
수다를 떨다	おしゃべりをする	おしゃべりをする	문 15
수수료	手数料	てすうりょう	회 45
수요일	水曜日	すいようび	문 01
수요일	水曜日	すいようび	문 08
수학	数学	すうがく	문 03
숙제	宿題	しゅくだい	문 05
술	お酒	おさけ	문 03
쉬다	休む	やすむ	문 10
슛	シュート	しゅーと	회 41
스마트폰 (スマートフォン)의 줄임말	スマホ	すまほ	문 15
스커트	スカート	すかーと	문 11
스팸메일	スパムメール	すぱむめーる	문 26
슬프다	悲しい	かなしい	문 17
승차권	乗車券	じょうしゃけん	회 49
시간	時間	じかん	문 09
시끄럽다	うるさい	うるさい	문 07
시시하다, 재미없다	つまらない	つまらない	문 04
시원시원하다	すがすがしい	すがすがしい	회 42

단어

의미	단어	독음	챕터
시작하다	始める	はじめる	문 22
시험	テスト	てすと	문 01
식사	食事	しょくじ	문 11
식후	食後	しょくご	회 50
신다, (치마, 바지를) 입다	履く	はく	문 11
신문	新聞	しんぶん	문 08
신선함	新鮮	しんせん	문 02
신용카드	カード (クレジットカード)	かーど (くれじっとかーど)	회 46
신주쿠 역	新宿駅	しんじゅくえき	회 48
신칸센	新幹線	しんかんせん	회 49
실례하다	失礼する	しつれいする	문 13
실망하다	がっかりする	がっかりする	문 24
실패하다	失敗する	しっぱいする	문 24
싫어함	嫌い	きらい	문 02
심플함	シンプル	しんぷる	회 42
심하다	ひどい	ひどい	회 41
싱글	シングル	しんぐる	회 45
싸다	安い	やすい	문 06
싸다, 포장하다	包む	つつむ	회 46
싸움	けんか	けんか	문 24
쓰다	書く	かく	문 11
씨	さん	さん	문 05
씩	ずつ	ずつ	문 11
씹다	噛む	かむ	문 15
씻다	洗う	あらう	문 09
아까	さっき	さっき	문 16
아니오	いいえ	いいえ	문 12
아들	息子	むすこ	문 30

의미	단어	독음	챕터
아래	下	した	문 30
아르바이트 (アルバイト의 줄임말)	バイト	ばいと	문 15
아무것도	何も	なにも	문 14
아무도	だれも	だれも	문 09
아무쪼록, 부디	どうぞ	どうぞ	회 31
아쉬움	残念	ざんねん	문 03
아이	子	こ	문 04
아이디어	アイデア	あいであ	회 40
아주	とても	とても	문 02
아주 좋아함	大好き	だいすき	문 02
아직	まだ	まだ	문 27
아침밥	朝ごはん	あさごはん	문 12
아침저녁	朝晩	あさばん	회 50
아키하바라 (도쿄의 지명)	秋葉原	あきはばら	회 35
아프다	痛い	いたい	회 50
안	案	あん	회 40
안색	顔色	かおいろ	회 38
안정되다, 가라앉다	落ち着く	おちつく	회 42
앉다	座る	すわる	문 09
알다, 이해하다	分かる	わかる	문 09
알리다	知らせる	しらせる	문 27
앞	前	まえ	문 30
앞, 먼저	先	さき	회 31
앞으로	これから	これから	문 07
앞으로도	これからも	これからも	회 31
애견	愛犬	あいけん	문 10
야무지다	しっかりしている	しっかりしている	회 42
약	薬	くすり	문 17
(약효가) 듣다	効く	きく	회 50

단어

의미	단어	독음	챕터
양	量	りょう	문 04
양치질을 하다	歯磨きをする	はみがきをする	문 15
양파	玉ねぎ	たまねぎ	회 47
어느 것	どれ	どれ	문 08
어느 쪽	どっち	どっち	문 03
어둡다	暗い	くらい	문 04
어디	どこ	どこ	문 18
어딘가	どこか	どこか	문 14
어딘지 부족함	物足りない	ものたりない	회 41
어떤	どんな	どんな	문 02
어떤 상태가 오래가다	もつ	もつ	회 46
어떻게	どうやって	どうやって	회 47
어떻게든	なんとか	なんとか	회 37
어려움을 겪다, 곤란하다	困る	こまる	회 38
어렵다	難しい	むずかしい	문 06
어른	大人	おとな	문 16
어제	きのう	きのう	문 01
어쨌든	とにかく	とにかく	회 33
어쩐지, 왠지	なんとなく	なんとなく	회 41
언제	いつ	いつ	문 08
언제나, 항상	いつも	いつも	회 39
언제든지	いつでも	いつでも	회 39
언젠가	いつか	いつか	문 10
얼마 전	この間	このあいだ	문 20
얼마, 얼마나	いくら	いくら	회 45
얼마나	どれくらい	どれくらい	회 46
엄격하다	厳しい	きびしい	문 06
엉망임	めちゃくちゃ	めちゃくちゃ	회 41
에어컨	エアコン	えあこん	문 05

의미	단어	독음	챕터
여기	ここ	ここ	문 01
여러, 다양한	いろんな	いろんな	문 19
여러분	みなさん	みなさん	문 21
여름 휴가	夏休み	なつやすみ	문 01
여행 가다	旅行に行く	りょこうにいく	문 14
역시	さすが	さすが	회 44
역시	やっぱり	やっぱり	문 03
연기	演技	えんぎ	회 41
연락하다	連絡する	れんらくする	문 13
연습	練習	れんしゅう	문 20
열	熱	ねつ	문 25
열다	開ける	あける	문 27
열쇠	かぎ	かぎ	회 37
열심히	一生懸命	いっしょうけんめい	문 11
영문을 모르다	わけが分からない	わけがわからない	회 41
영향	影響	えいきょう	회 38
영화	映画	えいが	문 12
옆	そば	そば	문 23
옆	隣	となり	문 30
예쁜	きれい	きれい	문 02
예약	予約	よやく	문 20
예전	昔	むかし	문 10
오늘	今日	きょう	문 02
오늘 밤	今夜	こんや	회 33
오늘 중	今日中	きょうじゅう	문 13
오다	来る	くる	문 13
오래간만	久しぶり	ひさしぶり	회 32
오르다	上がる	あがる	문 25
오른쪽	右	みぎ	문 15

단어

의미	단어	독음	챕터
오른쪽	右手	みぎて	회 48
오른편	右側	みぎがわ	회 48
오사카	大阪	おおさか	회 49
오해하다	誤解する	ごかいする	문 27
오히려	むしろ	むしろ	문 30
올해	今年	ことし	문 01
옮기다	運ぶ	はこぶ	문 17
옷	服	ふく	문 18
완고함	頑固	がんこ	문 06
완벽함	完璧	かんぺき	회 42
외출하다	出かける	でかける	문 22
왼쪽	左	ひだり	회 48
왼편	左側	ひだりがわ	회 48
요가	ヨガ	よが	문 22
요금	料金	りょうきん	회 49
요리	料理	りょうり	문 02
요즘	最近	さいきん	회 32
우동	うどん	うどん	회 35
우리 집	うち	うち	회 37
우산	傘	かさ	문 04
우선	まず	まず	문 22
우에노	上野	うえの	회 49
운동	運動	うんどう	문 19
운동화	運動靴	うんどうぐつ	회 46
운전	運転	うんてん	문 15
울다	泣く	なく	문 11
웃다	笑う	わらう	문 25
원피스	ワンピース	わんぴーす	문 09
월요일	月曜日	げつようび	회 45

의미	단어	독음	챕터
위	上	うえ	문 30
위험하다	危ない	あぶない	문 04
유명함	有名	ゆうめい	문 03
유원지, 놀이공원	遊園地	ゆうえんち	문 10
유학가다	留学する	りゅうがくする	문 13
유행하다	はやる	はやる	회 38
융통성이 있다	融通が利く	ゆうずうがきく	회 42
은행	銀行	ぎんこう	회 48
음식을 더 먹음	お代わり	おかわり	회 36
음악	音楽	おんがく	문 15
의미	意味	いみ	회 34
이 이상, 더 이상	これ以上	これいじょう	문 27
이것	これ	これ	문 01
이기다	勝つ	かつ	문 28
이대로	このまま	このまま	문 28
이르다	早い	はやい	문 07
이름	名前	なまえ	문 10
이미, 벌써	すでに	すでに	문 16
이번	今回	こんかい	문 20
이번 주	今週	こんしゅう	문 01
이상	以上	いじょう	문 16
이상하다	おかしい	おかしい	문 07
이야기	話	はなし	문 04
이야기 나누다	話し合う	はなしあう	문 16
(이야기를) 잘 들음	聞き上手	ききじょうず	회 42
이야기하다	話す	はなす	문 14
이유	理由	りゆう	문 17
이제 곧	もうすぐ	もうすぐ	문 01
이쪽	こっち	こっち	문 06

단어

의미	단어	독음	챕터
인기	人気	にんき	회 46
인생	人生	じんせい	회 39
일	仕事	しごと	문 09
일기	日記	にっき	문 11
일단, 우선	とりあえず	とりあえず	회 47
일본어	日本語	にほんご	문 09
일본인	日本人	にほんじん	문 01
(일본 전통 숙박시설) 료칸	旅館	りょかん	문 30
일어나다	起きる	おきる	문 12
일어났다가 다시 잠	二度寝	にどね	문 19
일일이	いちいち	いちいち	문 26
일찍	早く	はやく	문 12
일하다	働く	はたらく	문 11
읽다	読む	よむ	문 10
입니다만	ですが	ですが	회 34
입다	着る	きる	문 12
입맛, 식욕	食欲	しょくよく	회 50
있다	ある	ある	문 09
있다	いる	いる	문 14
있을 수 없다	ありえない	ありえない	회 44
잊다	忘れる	わすれる	문 24
자다	寝る	ねる	문 12
자동차	車	くるま	문 04
자라다	育つ	そだつ	문 16
자랑	自慢	じまん	회 47
자료	資料	しりょう	문 10
자리	席	せき	회 34
자리를 바꾸다	席を変わる	せきをかわる	회 47
자세	姿勢	しせい	문 07

의미	단어	독음	챕터
자세히 알고 있다	詳しい	くわしい	회 42
자신	自分	じぶん	문 24
자신 없음, 서투름, 못함	苦手	にがて	문 03
(자신의) 언니, 누나	姉	あね	문 30
(자신의) 여동생	妹	いもうと	문 13
(자신의) 형	兄	あに	문 30
자신감	自信	じしん	회 39
자제분	お子さん	おこさん	문 07
자주	よく	よく	문 19
자체	自体	じたい	회 40
작가	作家	さっか	문 18
작년	去年	きょねん	문 05
작다	小さい	ちいさい	문 04
잘	よく	よく	문 09
잘	よろしく	よろしく	회 37
잘 됐다, 다행이다	良かった	よかった	문 05
잘 되다, 잘 풀리다	うまくいく	うまくいく	회 39
잘못	非	ひ	회 43
잘함	上手	じょうず	문 02
장	枚	まい	회 49
재미있다	おもしろい	おもしろい	문 04
재치가 있다, 기지를 발휘할 줄 안다	機転が利く	きてんがきく	회 42
저것	あれ	あれ	문 08
저녁 식사	夕食	ゆうしょく	회 33
저녁밥	夕ご飯	ゆうごはん	문 19
저쪽	あちら	あちら	회 47
적다	少ない	すくない	문 04
전부	全部	ぜんぶ	문 16
전원	電源	でんげん	문 25

단어

의미	단어	독음	챕터
전철	電車	でんしゃ	문 09
전혀	全然	ぜんぜん	문 10
전혀 안 됨	だめ	だめ	회 36
전화	電話	でんわ	문 12
전화번호	電話番号	でんわばんごう	회 34
절대로	絶対に	ぜったいに	문 11
점심 휴식시간	昼休み	ひるやすみ	문 08
접근하다	近寄る	ちかよる	문 27
정도	くらい	くらい	문 28
정도	ほど	ほど	회 41
정리하다	片付ける	かたづける	문 15
정리하다	整理する	せいりする	문 13
정말	本当に	ほんとうに	문 07
제대로, 빈틈없이	ちゃんと	ちゃんと	문 22
제발	どうか	どうか	회 37
조금	少し	すこし	문 07
조금	ちょっと	ちょっと	문 03
조금 더	もう少し	もうすこし	문 14
(조금 모자라는 모양을 나타내는 말)	いまいち	いまいち	회 40
조깅	ジョギング	じょぎんぐ	문 19
조사하다	調べる	しらべる	문 29
조식 포함	朝食付き	ちょうしょくつき	회 45
조심하다	気をつける	きをつける	회 38
조용함	静か	しずか	문 03
졸업 후	卒業後	そつぎょうご	문 13
좀처럼, 영	なかなか	なかなか	문 07
좁다	狭い	せまい	문 06
종이 신문	紙の新聞	かみのしんぶん	문 10
좋다, 착하다	いい(良い)	いい(よい)	문 04

의미	단어	독음	챕터
좋아함	好き	すき	문 02
좋지 않다	良くない	よくない	문 04
좋지 않다, 바람직하지 않다	いけない	いけない	문 25
좌우	左右	さゆう	문 15
주다	くれる	くれる	문 20
주말	週末	しゅうまつ	문 10
주문	注文	ちゅうもん	회 37
주변	辺	へん	회 48
주세요	ください	ください	문 21
주소	住所	じゅうしょ	회 48
주위	周り	まわり	문 03
주의	注意	ちゅうい	회 43
주인공	主人公	しゅじんこう	문 10
죽다	死ぬ	しぬ	문 10
중, 안, 속	中	なか	문 21
중국어	中国語	ちゅうごくご	문 24
중학교	中学校	ちゅうがっこう	문 07
즐겁다	楽しい	たのしい	회 31
즐기다	楽しむ	たのしむ	문 17
지금	今	いま	문 01
지금으로써는, 그런대로	まあ	まあ	회 40
지나가다	通り過ぎる	とおりすぎる	회 48
지나다, 경과하다	経つ	たつ	문 22
지나친 말	言いすぎ	いいすぎ	회 43
지난주	先週	せんしゅう	문 01
지난주 말	先週末	せんしゅうまつ	문 10
지다	負ける	まける	문 24
지불하다	支払う	しはらう	회 47
지하철	地下鉄	ちかてつ	회 48

단어

의미	단어	독음	챕터
진심으로	心から	こころから	회 33
질문	質問	しつもん	문 30
짐	荷物	にもつ	문 06
집	家	いえ	문 16
집세	家賃	やちん	문 07
집중하다	集中する	しゅうちゅうする	문 21
짧다	短い	みじかい	문 06
쪽	方	ほう	문 03
차	お茶	おちゃ	문 15
차갑게 느껴지다	冷える	ひえる	회 31
차갑다	冷たい	つめたい	문 05
참여하다	参加する	さんかする	문 13
참으로 (감사, 사과 인사를 대신하기도 함)	どうも	どうも	문 03
참을성이 강하다	我慢強い	がまんづよい	회 42
창문	窓	まど	문 27
찾다	探す	さがす	회 48
책	本	ほん	문 01
책임	責任	せきにん	회 43
처음	初めて	はじめて	문 16
처음 만나다	出会う	であう	문 22
처음에는	最初は	さいしょは	문 02
천천히, 느긋하게	ゆっくり	ゆっくり	문 21
청소	掃除	そうじ	문 02
청소기	掃除機	そうじき	문 08
체크아웃	チェックアウト	ちぇっくあうと	회 45
체크인	チェックイン	ちぇっくいん	회 45
체크하다	チェックする	ちぇっくする	회 35
초대하다	招く	まねく	문 11
초등학교	小学校	しょうがっこう	문 07

의미	단어	독음	챕터
최고	最高	さいこう	회 41
최저, 최악, 최하	最低	さいてい	회 41
추천	お勧め	おすすめ	회 47
출근	出社	しゅっしゃ	문 07
출장	出張	しゅっちょう	회 36
춤추다	踊る	おどる	문 15
춥다	寒い	さむい	문 05
충분함	十分	じゅうぶん	문 03
취소하다	キャンセルする	きゃんせるする	문 14
(치를 금액의) 계산	お勘定	おかんじょう	회 47
친구	友達	ともだち	회 39
카레	カレー	かれー	문 02
카페	カフェ	かふぇ	문 04
커플	カップル	かっぷる	문 20
커피	コーヒー	こーひー	문 10
코스요리	コース料理	こーすりょうり	회 37
콘서트	コンサート	こんさーと	문 16
크다	大きい	おおきい	문 04
큰일	大変	たいへん	문 02
키가 크다	背が高い	せがたかい	문 04
킬로그램	キロ	きろ	문 16
타다	乗る	のる	문 09
탓	せい	せい	회 33
태블릿	タブレット	たぶれっと	문 08
태풍	台風	たいふう	회 38
택시	タクシー	たくしー	문 10
테이블	テーブル	てーぶる	문 05
토요일	土曜日	どようび	회 45
트윈 (룸, 베드)	ツイン	ついん	회 45

단어

의미	단어	독음	챕터
특히, 특별히	特に	とくに	회 40
튼튼함	丈夫	じょうぶ	문 06
틀리다, 실수하다	間違える	まちがえる	회 34
파는 곳, 매장	売り場	うりば	회 49
파티	パーティー	ぱーてぃー	문 18
판단하다	判断する	はんだんする	문 22
펜	ペン	ぺん	문 08
편견	偏見	へんけん	문 26
편리함	便利	べんり	문 03
편의점	コンビニ	こんびに	문 22
포인트	ポイント	ぽいんと	회 35
표	切符	きっぷ	회 49
푹	ぐっすり	ぐっすり	문 12
프러포즈	プロポーズ	ぷろぽーず	문 24
피다	吸う	すう	문 16
하나부터 열까지	何から何まで	なにからなにまで	회 33
하늘	空	そら	문 02
하다	する	する	문 13
하다	やる	やる	회 35
하루	一日	いちにち	문 11
하루 종일	一日中	いちにちじゅう	문 25
한 달	一ヶ月	いっかげつ	문 10
한 마리	一匹	いっぴき	문 30
한 말씀	一言	ひとこと	회 37
한 번 더	もう一度	もういちど	문 21
한 번도	一度も	いちども	문 24
한 잔 더	もう一杯	もういっぱい	회 35
한가함, 한가한 틈	暇	ひま	문 03
한국어	韓国語	かんこくご	회 37

의미	단어	독음	챕터
한국인	韓国人	かんこくじん	문 01
한기가 들다	寒気がする	さむけがする	회 50
한도(뿐)	限り	かぎり	회 43
할 수 있다	できる	できる	문 12
함께	一緒に	いっしょに	문 14
합격하다	合格する	ごうかくする	문 13
핫	ホット	ほっと	회 47
행동	行動	こうどう	문 15
행복	幸せ	しあわせ	문 19
허사, 엉망	だめ	だめ	문 03
헤어지다	別れる	わかれる	문 22
헤엄치다	泳ぐ	およぐ	문 26
현금	現金	げんきん	회 47
현기증이 나다	めまいがする	めまいがする	회 50
형제	兄弟	きょうだい	문 30
형편이 안 좋다	都合が悪い	つごうがわるい	회 36
호러 영화, 공포 영화	ホラー映画	ほらーえいが	문 14
홋카이도	北海道	ほっかいどう	문 24
화내다	怒る	おこる	문 25
화장실	トイレ	といれ	문 18
확인	確認	かくにん	문 20
활기참	元気	げんき	문 02
회사	会社	かいしゃ	문 15
회의	会議	かいぎ	문 05
회의실	会議室	かいぎしつ	문 16
후쿠야마	福山	ふくやま	회 49
후회하다	後悔する	こうかいする	문 22
훌륭하다	素晴らしい	すばらしい	회 40

단어

문 문법 회 회화

의미	단어	독음	챕터
휴가	休暇	きゅうか	문 23
휴일	休日	きゅうじつ	문 17
휴일, 쉬는 시간	休み	やすみ	문 01
~가 싶다	~かと思う	~かとおもう	회 41
~까지, ~안에	までに	までに	회 37
~대로	通り	とおり	회 44
~라고 생각하다	~と思う	~とおもう	회 40
~만	ばかり	ばかり	문 22
~밖에	しか	しか	문 12
~보다	より	より	문 05
~부터 ~까지	~から~まで	~から~まで	문 08
~서는 안 되다	~てはならない	~てはならない	회 43
~지도 않다	~くもない	~くもない	문 04
1시간	1時間	いちじかん	문 16
2박	2泊	にはく	회 45
2주일	2週間	にしゅうかん	문 22
3박	3泊	さんぱく	회 45
6시	6時	ろくじ	문 09
PC	パソコン	ぱそこん	문 23
TV	テレビ	てれび	문 12
TV 방송국	テレビ局	てれびきょく	문 14